緊急事態の法的コントロール

―大震災を例として―

初川　満 編

信山社

まえがき

(i) 2011年3月11日の東日本大震災は，予想を超えたまさに未曽有の事態であったが，こうした緊急事態は，避ける事の出来ない現実として，我が国においては過去に発生したし，またこれからも発生し得るであろう。

しかしこうした緊急事態においてであれ，事態の収拾を第一の目標に置くがあまりに，民主的国家において至高の価値とされる人権をないがしろにすることはあってはならない。つまり，たとえ民主的国家システム自体が危険に陥るような異常な事態においてであろうと，人権の保護へは最大限の配慮がなされなくてはならない。

とはいえ，人権の保護を主張するあまり，人権保護を実現すべき民主的国家自体の基盤が危うくなるような事態においてすらも，頑なに人権を絶対的に主張することは，現実的とは言い難い。そもそも国家には，緊急事態においてすら国民を守る義務がある。そして，この義務は，人権を尊重し保障する社会を守るために，個人の人権へ何らかの規制あるいは制限を行うことを，国家に許すものと言うことができる。

つまり，緊急事態において，国家には通常の法秩序を超えて，人権への規制あるいは制限を行うという特別の権限が認められ得よう。とはいえ，こうした事態においてこそ人権が侵害されるということは，歴史が教えてくれるところでもある。

よって，こうした緊急事態において危機状態を克服し平常時の社会へ戻すために行われる対処処置は，いかに必要性からの強い要請に答えるものであれ，人権への侵害である以上人権保護に十分な配慮をしてのものでなくてはならない。

(ii) そもそも超法規的措置という状況毎の必要性に基づく，言い換えればその場凌ぎの対処策により事態を乗り切ることは，人権保護の見地からは危険きわまりない事であり，決して望ましい事ではない。

そこで人権は，長い歴史の中から，人権を尊重する民主的国家の根幹として，法治主義を創り出したのである。たとえいかなる状況におけようとも，つまり超法規的措置により乗り切らざるを得ないような例外的場合であろうとも，法の支配の原則を貫くことこそが恣意的な対処を防ぎ，人権の保障を堅持することを可能にすると言えよう。

しかるに戦後人権は，国際的関心事として国際社会全体の問題とされ，国内における人権保障も，法治主義に則った国際秩序の中で遂行されなくてはならなくなった。国家による国民保護義務を履行するための措置であろうとも，国際社会の容認するものでなくてはならなくなったのである。

つまり，国際社会の一員として，日本はたとえ緊急事態という異常な例外的事態においてさえも，国際社会の認める人権の保護の枠組みに考慮しつつ国際基準に則り国民の保護義務を果たすことが，今や求められているのである。

言い換えれば，いかなる緊急事態においてであれ，我が国の対処処置は，全て国際基準に照らしての国際社会の監視の下に置かれることとなる。

である以上，一昨年の大震災のような緊急事態において，我が国はいかに対処してきたのか。それは果たして，国際社会の考えている法治主義の要請に十分答えるものであったのか。などの点について，慎重に検討することが必要であろう。

(iii) 横浜市立大学において，2011 年秋に 5 回，2012 年秋に 6 回，

「大震災を考える」という共通テーマで，東日本大震災において発生した問題について学生諸君に考えるヒントを与えることができればと，学内外の研究者たちによる特別講演シリーズを企画した。そして，このシリーズにおいて，特に国際社会とのかかわりに関し国際法の視点から講演を行って頂いた方々にお願いした結果，ここに本書の出版を見ることが出来た。

執筆者たちは，私の長年の友人であり，国際法の中でもその専門分野は異にするとはいえ，問題意識を共有する方々である。

まず「緊急事態と自由権規約」において私は，戦争が典型的な事態とされるため我が国では研究が進まなかった緊急事態における権利の停止について，我が国が批准している自由権規約との適合性を中心に論じた。

次に「原子力災害と人権の保障」において国際人権法を専門とする阿部浩已教授は，弱者保護に多大な関心を寄せつつフクシマを例にとり，原子力災害を正義とは何かといった視点に立って分析し論じている。

そして，「緊急事態と環境保全」において国際環境法を専門とする磯崎博司教授は，環境に対し多大な影響を及ぼす緊急事態の発生において，国際社会はいかなる手続きによりいかなる対処処置を講じているかを論じている。

最後に「震災と外国軍隊」において国際人道法を専門とする真山全教授は，副題が示すように，今回の大震災における米軍を中心とした外国軍隊の救援活動の合法性について，国際法の立場から検討を加えて論じている。

(iv)　緊急事態において考慮すべき法的問題は数多く存在し，本書で扱っているのはその一部にすぎない。しかし，緊急事態という非日常の最たる事態においてさえも，法治主義の原則を遵守し超法規的措置の登場をできるだけ抑制することこそ，人権保護にとり必要不可欠と言うべき要件であり，国際社会の評価にも耐え得るものであることは，強調してしすぎるということはなかろう。

本書が，学生や専門家のみならず多くの人々によって読まれ，緊急事態といえども法の枠組みの中で対処してこそ民主主義を守ることが出来るということを，改めて確認して頂ければ幸いである。

なお，本書の出版を快諾して下さった信山社の袖山貴氏に対し，感謝の意を記すものである。

2013 年 3 月 11 日

執筆者を代表して

初 川　満

目　　次

緊急事態の法的コントロール
―大震災を例として―

1 緊急事態と自由権規約

初川　満

1　はじめに

(i)　多くの国においては，9・11のテロ（2001年）以前に人々が緊急事態に関する議論に関心を持つことなど滅多になかった。緊急事態は，通常の事態に比べると異常で希なものであり，あまり関心を惹くこともない例外的な事態とされていたのである。例えば我が国においても，2011年のいわゆる3・11の大震災までにおける緊急事態についての議論は，まったく御座なりなものに留まっていた。

しかし，緊急事態は，テロとか自然あるいは人為的災害若しくは戦争や内乱といった民主的社会を破壊しかねない事態であって，過去において発生したように将来においても発生するであろうことは，否定できない事実である。

緊急事態においては，国民の生命や公の秩序あるいは国の安全などといったものが危険に曝され，既存の法システムでは結果的に対処し得ない状況が生じ得る。しかるに，こうした事態においてであろうとも，人権の保護という国家の義務は放棄されてはならない。とはいえ，人権の保護ということに拘泥するあまり結果として民主的社会の崩壊という最悪の事態を招くことも，また避けなくてはならない。その意味では，民主的社会が最も尊重する人権の保護を一時的に停止してでも，一刻も早く危機的状況を脱し社会を正常に戻し，再び人権の保護を実現するという手段は，人権保護の見地からも肯定せざるを得ない。

ここに，緊急事態は，民主的社会を守るという大義名分のために，国家による人権の制限を許すこととなる。

(ii)　緊急事態への対処は，通常時の法解釈の枠を超えざるを得ないであろうし，また，こうした事態においては，早急な対処が優先されるあまり，人権の制限の必要性や緊急性などについては，必然的に政治的判断を含むものとならざるを得ない。言い換えれば，緊急事態と民主的価値の間には悲劇的な緊張関係が存在しているのであり，危機は，政府権限の拡張，行政権への権限の集中そして個人の自由の必要的縮小という結果を，生み出しがちである。

とはいっても，国家存続の危機と言うべき緊急事態においてであろうとも，個人の人権の保障を止めるなどというようなことを無制限かつ無秩序に認めることは，戦後国際社会が目指してきた人権の保護を無意味なものとしかねない。

そこで，国際社会は，緊急事態という例外的な状況下であっても，法の支配の原則に基づく国際的人権保護の枠組みに従って国家がこれに対処することを求めている。言い換えれば，条件付きとはいえ緊急事態において国家の人権保護義務を免除しその事態を制圧し従前の民主的社会への速やかな復帰を図る，国際法上国家の自衛権に起源をもついわゆる権利の停止の手法を認めている。

(iii)　21 世紀の今日において，国際的人権保障の枠組みを無視した国内人権保障は，もはやその正当性は無いといってもよかろう。そして，我が国は憲法 98 条 2 項に，「日本国が締結した条約……は，これを誠実に遵守する……」と規定していることから，我が国が批准している自由権規約は，直接の国内実施が可能な国民の権利義務に関する内容を含み（いわゆる自動執行条約）国内で直接適用され，かつ法律よりも上位にくると解されている。

よって，緊急事態において何らかの人権への制限を行わざるを得ない場合があるとしても，その制限措置は人権を侵害するものであるからには，自由権規約の人権の制限に関する規定に合致しなくてはならないこととなる。

言い換えれば，国民の生存を脅かす公の緊急事態に際し，主権国家にある程度の裁量権を認めつつも，人権への制限を無制限に認めることなく，厳格な条件を課しかつ国際社会の監視の下に置くことを求める自由権規約の規定は，たとえ緊急事態という例外的状況であろうとも，法の支配の原則に基づく民主的社会を守ることの重要性を明示している。

しかるに一昨年の大震災は，我が国における緊急事態対処法制の不備を露呈させた。人権を最高の価値とする民主的社会を守るために人権の保護を停止する，すなわち人権を守るために人権への侵害を許すといういわば究極の選択を迫られる緊急事態においては，こうした事態を乗り切るために国際社会が許している自由権規約の法的枠組みの分析により，国際社会の批判に耐え得るような緊急事態対処法への見直しがまさに求められることとなろう。

2　自由権規約とは

(1) 概　　論

① 規約作成に向けて

(i) 人権の保護は，第二次大戦以前は専ら国内問題であり，各国の国内法によって行われていた。国際的レベルとしては，第一次大戦後の自国内の少数者保護を国際的に約束した少数者保護条約や，人道的立場から労働条件の設定を行った I.L.O. 協約等が例外的にあったにすぎない。これは，当時国際社会の規範としての国際法は相互主義を前提としていたが故に，人権問題も国内管轄問題に留まっていたことによる。

しかし，ナチによるユダヤ人弾圧に代表される全体主義国家による人権侵害がもっぱら国内法に基づき合法的に行われたため，人権保護は国内的保証のみでは不十分だとの認識が国際社会において広く共有されるようになっていった。そこで，戦後になると，人権の保護を国内問題に留めることなく積極的に国際的関心事として国際的監視下に置こうといった動きが，強くなっていったのである。

(ii) 戦後平和な社会を構築すべく作られた国連は，主要な目的の一つに人権の尊重を掲げ，人権保障のため具体的な国際文書の作成に取りかかった。そして，人権の尊重及び促進を担当する経済社会理事会が，1946 年から人権についての宣言の，次いで条約の作成に，着手した。その結果，法的拘束力を持たない宣言として世界人権宣言が，まず 1948 年国連総会において採択された。次いで 1966 年には，法的拘束力を持つ条約として作成された国際人権規約が，同じく総会において採択された。

なお，世界人権宣言は，自由権と社会権の双方を含む人権全般に言及しているが，拘束力のない宣言とはいえ各国がその精神を憲法に取り入れてきていること等から，今や国際的人権保障のバイブルとなっているのであり，条約と同等の拘束力は無いものの，国際慣行として各国を拘束し得るものと見做されている。

② 自由権規約作成史

(i) 世界人権宣言のような自由権と社会権を共に含む国際人権の保護のための条約を作成するため，1949年より経済社会理事会の人権委員会を舞台に，慎重な審議が行われることとなった。

ところが，拘束力をもつ条約の形態をとる規約として作成されたため，自由権と社会権を同一の条約中に規定することに対しては，各国の間には強い抵抗があった。

一方では，市民的政治的権利と経済的社会的及び文化的権利の両方に共通する単一の実施システムを展開することは，不可能であると主張された。その理由としては，以下のようなものが挙げられよう。前者の権利を守ることは，法を通してであるから憲法を改正することを意味する。それに対し，後者の権利の保護は，計画の達成をも意味する。また，前者の権利侵害を扱うには国際法廷を創設できよう。しかし，後者の例えば労働の権利や健康への権利を監督するための国際レベルでの組織を作るということは，実現が難しいのではないか。

また他方では，前者の権利を保障する規約を支持する国の中には，社会福祉の権利そして特定の社会福祉プログラムの実現を約束するような文書には賛成したくない，と考えるものが存在していた。

言い換えると，西側諸国は，1950年に作られた自由権を規定するヨーロッパ人権条約をモデルとしたかったのであり，条約が対象とするものは，国による不当な干渉及び直接裁判所により履行できる干渉に向けられる自由権に限定されるべきだと主張した。更にこれに加え，拘束力ある条約として社会権と自由権を同じレベルで規定することへの反対もあった。しかるに社会主義国は，自由権と社会権は相互依存であり等しく同価値であることを強調し，国際的監視特に司法的性質のそれは国内事項への許し難い干渉であると主張した。

(ii)　こうした対立の中，1951 年に西側諸国は，自由権と社会権について各々異なった実施措置を有する別個の規約を作るという案を，人権委員会において僅差で通すことに成功した。そしてこれに基づき国連総会が，1952 年 2 つの規約を起草することを決めたため，人権委員会は 1954 年に，総会に対し自由権規約と社会権規約の 2 つの条約草案を提案した。

こうして，西側諸国の圧力により 2 つの規約が起草され，別々に総会において条文毎の慎重な審議の後，1966 年 12 月 16 日国連総会において，105 カ国中棄権数カ国のみで反対無しといった圧倒的賛成により，両規約は採択された。そして，効力発生規定に基づいて，35 番目の批准書又は加入書が国連事務総長に寄託された日から 3 カ月後の，1976 年 1 月 31 日に社会権規約が，同年 3 月 23 日に自由権規約が発効したのである。

③　自由権規約上の権利

(i)　自由権規約は，例えば人種差別撤廃条約とか女子差別撤廃条約といった特定の種類の人権について詳しく規定する個別人権条約とは異なり，いわゆる自由権と呼ばれる幾つもの権利や自由について規定した一般人権条約である。具体的には，身体の自由，精神活動の自由あるいは手続的人権などや，少数民族の権利とか非差別なども規定している。

またこれらの規定に加え，「国民の生存を脅かす公の緊急事態」における一時的な締約国の人権保障義務からの逸脱，いわゆる権利の停止（Derogation）を認める規定が置かれている。なお，この権利の停止の概念は，国内法上の国家緊急権に対応するものであり，緊急事態における人権の制限の問題に重要な意味をもつが，これについては後述する。

(ii)　さて，緊急事態において最も侵害され易い人権は，生命への権利，身体の自由，公正な裁判を受ける権利，表現の自由，集会及び結社の自由，移動の自由，財産権などである。

しかるに，財産権においては，世界人権宣言では明文で規定されているにもかかわらず，自由権規約においては何ら言及されていない。これは，どう考えるべきであろうか。

そもそも財産権の規定は，当初規約草案には置かれていた。ところが，これは1954年の経済社会理事会案から削除された。理由としては，以下のような点を挙げることが出来よう。まず，規約は世界人権宣言と異なり拘束力を持つため，個人の自由な処分権を根本原則とする西欧的財産権概念の押し付けを警戒する社会主義国やサウジアラビアが，その挿入に反対したことが挙げられる。加えて，西欧諸国間でも，具体的な財産権の規定に当り，例えば人権として保護すべき財産権の内容や補償の範囲などについて，意見が割れた。

こうした理由により，財産権が人権の１つであることについて各国に異論は何らなかったにもかかわらず，当初の財産権の規定案が僅差で否決された後は，財産権に関し新たな条文案をあえて提起する国はほとんどなく，結局規約中に一言も触れられることなく終ってしまった。

よって，自由権規約には財産権の規定というものは存在しないから，財産権に関し規約と国内法の適合性の問題は発生しない。とはいえ，ヨーロッパ人権条約が議定書で規定しているように，財産権が人権であることは明白であるから，その保護がまったく国内法に委ねられていると解すべきではない。その内容等については国内法により規定し得るとしても，その制限は，後述の人権の制限の一般ルールに基づき，法律に基づく，正統な目的のために，必要なものであることが求められることは言うまでもない。

(2) 締約国の義務

① 締約国の義務

(i) 自由権規約は，締約国に対し「その領域内にあり，かつ，その管轄下にある，すべての個人に対し，これらの自由や権利を尊重し確保する」（2条1項），絶対的かつ即時的な義務を課している。よって，締約国は，国内事情などを理由として，人権保護の実現を延ばすことは出来ない。

すなわち，ここに絶対的とは，締約国は，財源不足とか国内体制の不備といったことを理由として，上記の締約国の義務を免れることは出来ない，ということを意味している。次に即時的とは，締約国は，当規約の批准により締約国になるや否や，この規約が保証する権利や自由の確保のために必要なあらゆる措置を直ちに採らなくてはならない，ということを意味している。

なお，これに対し社会権規約における義務は，「立法措置その他すべての適当な方法により」「この規約において認められる権利の完全な実現を漸新的に達成するため」「自国における利用可能な手段を最大限に用いることにより」行動する（2条1項），相対的かつ漸進的な義務である。

(ii) 具体的には，自由権規約を締結することにより，締約国は以下の三つの義務を引き受けることとなる。

まず，規約に認められた権利を尊重しかつ確保する義務。すなわち，これらの権利を侵害しないこと，及び個人がこれらの権利を享受することを妨げるであろういかなる障害も取り除くべくあらゆる必要な救済措置を採ること。

次に，認められた権利に実効性を与える義務。すなわち，権利や自由に実効性を与えるために必要であると思われる立法あるいは行政等の措置をとるために，必要な手段や手続を採ること。

最後に，実効的な救済措置を提供する義務。すなわち，権利や自由を侵害された者が効果的な救済措置を選択出来ることを保証し，また，こうした救済措置を訴える者が，権限ある司法，行政あるいは立法当局又は司法システムによる判断を受けることが出来る権利を保証すること。

つまり，自由権規約は，国に対し直接要求できる個人の権利というものを規定しているのである。もっとも，規約上のこうした締約国の義務を国内法システムにおいてどのように実現するかは，原則として国内法が決定することであるが。

② 誰への義務か

では，こうした国家の義務は誰に対してのものか。

そもそも締約国は，規約の権利を尊重しかつ保証する義務を，領域内でかつその管轄下にある個人に対してのみ負う。よって，個人ではない法主体である会社，NPO あるいはグループなどに対しては，義務を負うことはない。

また，ここでの保護対象には，国籍による条件は付け加えられていない。よって，外国人の権利とか不法滞在者の権利への何らかの制限は有り得るが，それ以外の点に関しては，すべて個人は，外国人とか自国民に関係なく，自由権規約により保証された市民的政治的権利の対象である限りにおいては対等である。

なお，憲法の基本的人権の規定の第三者効力と同じように，締約国の義務としての権利の尊重及び保証義務は，国家機関による侵害に対してのみならず，規約上の権利を害する私人行為に対しても，個人又は私的機関相互間に適用でき得る限りは規約を適用し個人の権利を保証してこそ，義務が履行されたといえる。

(3)　自由権規約と国内法

①　日本の批准

(i)　前述のように，第二次大戦の反省から，国連において加盟国すべてに受け入れられるような人権保護の国際基準を樹立しようという動きが生まれ，1948年にまず世界人権宣言が，そして1966年に国際人権規約が採択された。

しかるに日本は，第二次大戦の敗戦後米国を主体とする連合国の占領下に置かれたため，経済社会理事会の人権委員会における規約作成の審議には加わることはできなかった。結局日本が規約の作成過程に加わったのは，既に国連総会での審議において一条一条吟味する段階となっていた，国連加盟後の1956年からである。

ところが総会の第三委員会における逐条審議に加わった日本は，かなりの条項に不満を示し，採択に反対したり棄権した。もっとも，最終的な総会での採択は一括投票の形式で実施されたため，自由権規約及び社会権規約の採択それ自体には賛成したのであるが。

(ii)　このように，規約が国連で採択されるまでの日本の態度はきわめて消極的であったが，採択後も批准への動きは鈍かった。これは，規約が日本人の目には抽象的な規定と映っていたため，あまり関心を持たれなかったことが主な原因であろう。

政府は，1976年規約が発効した後においても，規約と国内法規の調整に手間どっていることを批准しない理由として挙げ続けた。しかるに，西ドイツ，ソ連，英国等の主要国が批准し，米国も署名を終えたという国際情勢の中で，国内において早期批准の声が高まった。それに加え国際的にも，貿易摩擦やベトナム難民への冷淡な態度などが，日本の人権後進性への強い批判を巻き起こした。そこで，こうした状況下での人権に後向きとの評価を避けるため政府は，規約の批准へと1979年に踏み切った。

政府は批准に際し，社会権規約に三つの留保を行い，両規約に一つの解釈宣言を付してはいるが，批准が遅れる理由として関係国内法規との調整を挙げていたにもかかわらず，この時には何らの国内法の改正も行われることはなかった。

なお，自由権規約は，2013年3月末の時点で，中国は批准していないが，北朝鮮を含む167ヶ国が締約国となっている。

② 国内適用性

(i) 条約の国内法上の地位を決定するのは，基本的には主権国家における最高法規としての憲法であり，我が国においては，条約は憲法より下位ではあるが法律より上位に位置すると解されている。

条約締約国は，条約の規定に違反すれば国際法上国際責任を負うこととなる。そこで，自由権規約のような多数国間条約においては，一般的には国内法の改廃などにより規約との整合性が図られ，場合によっては留保により特定の条項の国内適用を免れるという手法も採られる。

なお，我が国では，条約を締結する前に関係官庁を中心として関係法との調整が慎重に行われ，場合によっては国内法の改廃・制定が行われるのが常である。

とはいえ自由権規約には，日本国憲法の明文規定によっては保障されていない人権も規定されているが，それのみならず同じように見える人権であっても，保障基準とか制限事由などについて，国内裁判所の解釈と，自由権規約の解釈・運営を行うために規約により樹立された機関である自由権規約委員会の解釈が，時として食い違うことがある。

では，こうした場合を含め，国内法の条約（ここでは特に自由権規約）適合性についてどう考えるべきであろうか。

(ii)　一般的に日本の司法界においては，自由権規約は当初，一般的な条文により権利や自由を規定しているに過ぎないと考えられていた。言い換えれば，これらは抽象的な規定にすぎないのであり，具体的な人権の保障については，国内法による詳細な規定によって充分に包摂されていると解されていた。

しかし今日においては，人権委員会による豊富な規約条項の解釈の蓄積もあり，国内法の規約適合性については，具体的に規約の条項を解釈し問題となっている国内法の規約適合性を判断しなくてはならないとする判例が，下級審において出され始めている。

また，新しい人権が主張された場合，一般的に我が国の裁判所においては，国内法令の解釈適用をまず行い，それでも無理であるという場合には憲法解釈による救済を図り，それでもこうした権利を導き出すことには無理があるという場合に初めて，自由権規約を直接に適用して行くという傾向がある。

何れにしても，日本は自由権規約の締約国として，管轄下にある個人に対し，規約が規定する権利や自由を確保する義務を負っている。もし国内裁判所や関係機関による規約条項の義務の内容についての解釈が人権委員会と食い違う場合には，締約国による定期報告書の審査という国家報告制度の場で，そして第一選択議定書を批准すれば，個人が国家を訴えることを認める個人通報制度の場でも，その食い違いを問われることとなる。そして，こうした場合において日本は，自国の国家機関による規約条項の解釈の正当性を証明しなくてはならないこととなろう。

③　国内的救済措置を尽すことと，第四審ではないという性質

(i)　国際人権条約，例えば自由権規約により人権侵害からの救済を求める場合，自由権規約委員会のような条約機関は，締約国の義務の履行状況を監視する役割を有することから，救済を求める者はあくまでも国内における人権救済手続をまず尽すことが求められる。

例えば，締約国の義務不履行についての他締約国からの通報を人権委員会が受理し審理することは，当該締約国がこうした権限を人権委員会が有する旨を宣言し，かつ，「付託された事案について利用し得るすべての国内的救済措置がとられかつ尽されたことを確認した後に限り」，行うことが出来ると規定されている（自由権規約41条1項(C))。

また個人通報についても，第一選択議定書に，「当該個人が利用し得るすべての国内的救済措置を尽したこと」を，通報の条件のみならず委員会の審理条件としている（同規約議定書2条及び5条2項(b))。

なお，いかなる国内的救済措置が尽されるべきかは，関連国内法次第であり，また事件毎に異なり得るが，一言でいうと，原則としてその侵害の救済として「効果的かつ十分な」措置を与えるものでなくてはならない。よって，我が国は司法手続上三審制を採っているから，こうした手続を全て尽すことが必要となる。

(ii)　さて，国内的救済措置を尽すことが条件となるということは，例えば人権委員会による個人通報の審理は，国内における手続より上位，言い換えれば第四審というべき権限を有することとなるのではないか，という疑問が出てこよう。特に，我が国でも近々第一選択議定書を批准し個人通報権を認めるであろうから（なお，2013年3月末時点で，第一選択議定書締約国数は114となっている。)，人権委員会の権限については明確にしておくことが必要であろう。

そもそも議定書の創設する個人通報制度により，人権委員会は，規約が規定する個人の権利や自由に対し何らかの侵害が存するか否かを決定する権限を，有することとなる。ではこのことから，我が国の裁判システムにおいて，委員会は最高裁の上に位置する第四審とでも言うべきものとなるのであろうか。

この点につき人権委員会は，国内法の解釈は本質的に締約国の裁判所や関係機関の問題であり，国内法の適用については再審理する権能も，国内法廷が行った事実の認定について再評価する権能も委員会は有さない，との見解を採っている。つまり，当局が法律を誠実に解釈も適用もしなかったとか当局による権限の乱用があったことが明らかであるといった場合は別として，委員会は最終審として行動するわけではないから，国内裁判所による事実の認定及び評価に対し，異議を申し立てる立場にはない。

一言でいうと，委員会が国内法の合憲性を検討することは適切ではないし，規約が締約国の国内裁判所において直接主張され得るか否かも，国内法の問題でありここでの争点ではない。

人権委員会の権能は，特定の事件の状況下において適用された法律が規約に適合しているか否かという問題をもっぱら扱うことになる。言い換えれば，委員会にとっては，国内における法律あるいは判決などが規約の条項に適合しているか否かという点のみが，唯一の争点であるから，第四審と言うべきではあるまい。

なお，政府報告書の審査と同じく，個人通報に関する勧告を含む委員会の判断は当事国を国際法上拘束しないとはいえ，これらの決定は通常履行されてきている。なぜならば，委員会は規約の権威ある解釈を行うことが許されている唯一の機関である。よって，委員会が規約に含まれた権利の内容とか意味について宣言をする時，それは否定し難い権威を持って行われることとなるからである。

3　人権の制限について

(1)　概　　論

(i)　人は皆，多数の人間よりなる複雑な社会において，その一員として生きているのであるから，他者の存在を絶対的前提条件とせざるを得ない。そのため，個人の権利や自由はそれ自体絶対的なものでは有り得ないから，何らかの制限あるいは規制を甘受せざるを得ない。つまり，他者の利益ひいては集団としての社会の利益と個人の利益の間には，個人の人権への制約といった何らかの調整が必要と成らざるを得ない。言い換えれば，個々の人権を保護するという国家の義務を果すためには，国家は必然的に人権への制限を実行せざるを得ない。人権への制限は，国家による個人の人権への侵害でもあることを忘れてはならない。

ところで国際社会は，人権問題を国内問題とする戦前の考え方を反省し，戦後人権の保護を国際的関心事として国際社会全体の問題と位置付けた。そして，人権への制限を全面的に国家に委ねることの危険性を避けるため，主に国連を舞台に，法治主義に則った法的枠組みによる人権保護を目的とする幾つもの人権条約を創ってきている。

こうした条約を中心とした国際社会による人権保護の法的枠組みを扱う国際人権法は，国際社会の監視の下で個人の人権への制約を行うための幾つかの手法を認めている。その代表的なものが，本章で扱う，人権の制限を行うための幾つかの正統な目的を根拠として締約国に条約上の人権保護義務への違反を許す，いわゆる制限条項を置く手法と，戦争を含む公の緊急事態において締約国に条約上の義務の幾つかの停止を許す，いわゆる権利の停止の手法である。

なお，こうした手法は，人権の保護を有名無実化しかねない危険性を有するから，その適用については慎重にかつ注意深く行われなくてはならない。

(ii) そもそも今日人権として議論されている権利や自由は，日本国憲法においては，第三章に基本的人権として規定されているものにプライヴァシーの権利のように判例により認められているものを加え，約20程ある。他方，国際人権法上は，自由権規約自体が規定している権利や自由は憲法が規定しているものより多少多いだけとはいえ，人権として何らかの人権条約において認められているものは遥かに多く，約50程ある。なお，こうした人権は，時代や社会の要請により，今後も国内・国際を問わず増えて行くであろう。

これらの人権は，その性質において各々共通点と独自点があるため，制限に関しても個々の人権毎の詳細な分析が必要であることは言うまでもない。とはいえ，個々の人権への制限手法の共通点を分析することは，多数の利益のため止むを得ず行う個人の利益への侵害としての権利の制限について，国際社会による監視を伴った国際基準を考える上で必要不可欠と言えよう。

そこで以下において，まず平常時における人権の制限手法としての制限条項による制限を，次いで緊急事態という例外的異常事態における権利の停止による人権の制限を，順次見て行くこととしよう。

(2) 制限条項による人権の制限

① 序　説

(i) 一般国際人権文書において人権への制限を規定する手法には，世界人権宣言のように全ての権利や自由についての一般的規定を置く一般的制限条項型，自由権規約やヨーロッパ人権条約のように個人の権利や自由毎に制限を規定する個別的制限条項型，そして米州人権条約やアフリカ人権憲章のように両タイプの制限条項を置く混在型がある。

なお，自由権規定のような個別的制限条項型では，特定の制限条項により規定されかつ許容される範囲内においてのみ，人権は制限され得る。

さて，自由権規約において権利や自由は，(ア)絶対的文言で表現されているもの。(イ)制限的に定義されているもの。(ウ)行使が規制されているもの。に分類することが出来る。

(ア)には，主に人間の尊厳を守ることを目的とする，拷問等の禁止，奴隷及び強制労働の禁止，遡及処罰の禁止などといったものがある。これらは，いかなる理由によろうとも規制され得ない絶対的権利であるから，後述の権利の停止も行えない。

(イ)には，生命に対する権利，逮捕又は抑留手続，自国に戻る権利，私生活への権利のように，「恣意的に〜されない」といったような制限内容の文言を挿入することにより，人権の内容を制限するものがある。

(ウ)には，移動及び居住の自由，宗教の自由，表現の自由，集会及び結社の自由などがあり，こうした権利や自由への規制は，各条項中のいわゆる制限条項と呼ばれる明文により制限し得る条件を示して行われる。

緊急事態において最も侵害される危険性の高い人権には，生命への権利とか身体の自由のような(イ)のタイプの人権も含まれるが，主には移動の自由，表現の自由，集会及び結社の自由のように(ウ)のタイプの人権と財産権がある。なお，財産権に関しては，世界人権宣言では規定されていたにもかかわらず自由権規約には言及されていないが，これについては，前章2(1)③(ii)に詳述した。

(ii)　では，個別の人権毎に制限条項を置き人権を制限する，前述の(ウ)のタイプの人権における制限条項について詳しく見て行くこととしよう。

このタイプの人権においては，各々まず権利や自由の内容を定め，しかる後に制限に関する規定を置くという手法によって，人権に対する制限を行っている。そして，こうした人権の制限条項においては，表現や制限を許す正当根拠は多少異なりはするが，次のような共通する要件を挙げることが出来る。

(ア)制限は，法律により定めるものであること。(イ)制限は，国の安全，公共の安全等の正当な目的のために課せられたものであること。(ウ)制限はそうした目的のために必要かつ比例したものであること。そしてこれらに加え，解釈要件として，「差別してはならない」を挙げておくべきであろう。

ところで，こうした制限条項により規定された権利や自由に関しては，以下のような手順で判断を下される。まず，訴えられた行為が問題とされている権利に該当するか，そして，この権利を侵害しているかを検討する。次いで，権利侵害を認定したならば，この侵害は法律に基づいているかを決定する。最後に，人権への当該侵害措置は，制限を正当化する理由すなわち正当な目的のいずれかに含まれるか，そして必要なものであったかを検討する。

なお，制限はあくまでも例外であり，規制により権利の本質を損なうことは許されない。そして，各条項に明記されている以外の目的で制限することはできないのであり，制限根拠も例示ではなく列挙され尽されていると考えるべきである。

②　要件一般論

(i)　権利への制限としての干渉は，法律によるものでなくてはならない。

ここに法律とは，成文法のみならず不文法も含む。

法律によるという表現からは，法律は単に形式的なものではなく法律の性質を有するものであり，充分に利用しやすいものであること（利用可能性）と，法律が自己の権利をいかに制限するかという点につき適切な指標を得ることが出来るために十分な正確さで表現されていること（予測可能性）が求められる。

よって，一般市民が知り得ない単なる行政命令のごときでは不十分であるし，またその状況下で合理的と思われる程度に自己の行為の結果を予測することが可能でなくてはならない。

(ii)　制限は，正当な目的のために課せられ得るにすぎない。

権利や自由への制約は，規約の条項が述べている特定の正当な目的（これらは列挙され尽している）のためであるか否かが検討されることとなる。

もっとも，例えば国の安全のためとか，公共の秩序の保護のため，あるいは他者の権利や自由の保護といった制限の正当な根拠理由とされるものの大部分は，解釈の巾があまりにも広いため，権利への干渉についてもっともらしい解釈による立派な理由を国家が示すことは難しくない。それだけに，人権の制限が不要な干渉となったり乱用されたりすることを防ぐために，限定列挙されている正当な目的がいかなる内容のものかを具体的に分析することが重要であろう。

(iii)　では必要なとは，いかなる意味であろうか。

いかなる制限といえども，民主的社会において合理的に必要と考えられるものでなくてはならない。そして，合理性の要件には，ある権利への干渉はいかなるものであれ，求められている目的に比例しかつ当該事件における状況下で必要なものでなくてはならないということを含んでいる。つまり，必要なという単語と比例しているという語句は共に結びついているのであって，必要性の要件はそれ自体比例性の要素を含んでいると言える。

なお，必要性の要求は，その解釈には国内法に広い裁量権が与えられてはいるとはいえ，自由権規約委員会が示す客観的な最小限の基準には服することとなる。そしてここに必要なとは，当該権利との関係での多元的で寛大な民主的社会の必要性又は目的の重要性を示している。

(iv) 必要なという文言には比例の原則が内在しているから，人権を制限する措置は比例していることを示さなくてはならない。言い換えれば，制限の目的を達成するために求められる以上の制約手段は用いるべきではない。

つまり，課せられる制限，例えば条件，形式，規制手段，罰則など全てが，追求されている正当な目的に釣り合っていなくてはならない。比例性の原則は，干渉のタイプや程度が目的達成のために絶対に必要な範囲のものであることを求めているのであり，法律により規定される措置の妥当性のみならず，特定の事例に適用される仕方についてもまた，比例性は問題とされる。

② 正当な目的

(i) 民主的秩序を脅かすものから国益や社会を守る国家の義務が個人の人権を保護する国家の義務と衝突する時，すなわち公共の利益と個人の利益間の衝突に際し，個人の保護のためには必要な制限という要件のみでは不十分と考えた自由権規約は，こうした制限を正当化する正統な根拠についても限定して明記するという手法を採っている。

では以下において，自由権規約における個々の権利や自由を規定する条項において制限を許す正当な目的として列挙されている根拠である，国の安全（national security），公の秩序（public order/ordre public），公共の安全（public safety），公衆の健康（public health），公衆の道徳（public morals），他の者の権利及び自由（rights and freedoms of others）について，いかに解釈されているか具体的に見て行くこととしよう。

(ii) 国の安全という人権の制限根拠は，自由権規約では移動及び居住の自由，外国人の追放，公正な裁判を受ける権利，表現の自由，集会の権利，結社の自由について挙げられている。

ここに国の安全のためとは，自由で民主的な法秩序とか国家の存在あるいは安全を脅かす差し迫った危険などから，これらを保護する目的で課される制限をいう。つまり，武力あるいは武力の脅威に対し，国の現存，領域保全あるいは政治的独立を守るために採られた場合のみ，国の安全は幾つかの権利を制限する措置を正当化するものとして主張され得る。

よって，国の安全は，公の秩序とは対象的に，国全体への政治的あるいは軍事的脅威となるような深刻かつ重大な場合においてのみ危うくされるのであり，単に地域的あるいは比較的孤立した法と秩序への脅威を防ぐためという理由としては，主張することは出来ない。

また，これは，漠然としたあるいは恣意的な制限を課すための口実として用いることはできない。国の安全の保護のための制限は，国家の民主的秩序に対する真の危険を回避するために必要なものでなくてはならない。

暴動とか騒動を回避するためといった目的は，それだけでは国の安全を根拠とする制限と言うことはできない。こうした規制根拠は，場合によっては公の秩序とか公共の安全といった正当な目的の範囲内となることはあるが，国の安全に該当することはない。もっとも，民主的社会が高度に洗練されたスパイ行為とかテロ行為により脅かされている場合には，国の安全が主張され得ようが。

なお，国の安全を守るために採られた行為は，国の存在に関連する事柄について，その緊急性あるいは危険性についての政治的判断を必然的に含む。つまり，各国は巾広い裁量権を与えられる。とはいえ，裁量権は無制限に認められるわけではなく，国の安全という語句自体客観的性質を有する自律的な概念でもあるから，その意味はあくまでも前述の条件に照らして理解されなくてはならない。

(iii)　公の秩序という人権の制限根拠は，自由権規約では，移動及び居住の自由，公正な裁判を受ける権利，思想，良心及び宗教の自由，表現の自由，集会の権利，結社の自由について挙げられている。

制限の正当な理由とされる公の秩序は，漠然としていて十分には定義されていない，国の安全よりも争いのある概念である。これは，平和時における人権の享有を制限するためだけではなく，しばしば危機的状況下で人権の保障を停止することを正当化するためにも主張されてきた。

そもそも公の秩序は，法の支配を重要視する民主的社会において，まさに人権を守るための諸条件を確保する一般的社会秩序の一つとして定義されよう。そして，一般的に公の秩序に対する真のかつ重大な脅威がある場合のみ，人権への制限は正当化し得る。

なお，公の秩序は通常の法と秩序の維持ということ以上のものであり，公の平和，安全及び静穏，暴力あるいは騒動が無いこと，といったものと同意語である。よって，例えば，地域住民の騒動，国内紛争や暴動，労働力に不安を生じさせるためだけの目的で助長されたストライキなどは，明らかに公の秩序と衝突するものである。

(iv)　公共の安全という人権の制限根拠は，自由権規約では，思想，良心及び宗教の自由，集会の権利，結社の自由について挙げられている。

公共の安全は，人々の安全や生命又は身体の不可侵への危険に対して，あるいは人々の財産への重大な損害からの保護について，言い換えれば，外部あるいは内部からの侵害に対する社会の安全ということを意味する。

よって，これは，国内における公の平和，社会の融和，法や公的機関の正当な決定とか命令への尊厳を確保するための法律条項の存在などというものを含んでいる。そのため，公共の安全の保護は，刑事処罰を正当化するためにしばしば持ち出される。もっとも，これが単独で制限根拠とされた事例は，自由権規約人権委員会には未だ見つけることは出来ないが。

なお，この根拠については，公衆の健康という次の制限根拠と共に主張された事例が幾つかある。しかし，公共の安全は，人々の安全，生命又は尊厳性に対する危険からの保護について述べていると解されているが，公衆の健康は，これよりずっと範囲は狭く，病気や怪我を防ぎ，病人やけが人を保護することを特に目的とする措置ではなくてはならないと解するものもあるように，各々異なった幾つかの際だった特性をもっている。

なお，公共の安全の保護は，輸送，車の交通，消費者の保護，労働条件の規定といった分野における，個人の安全を守る意図での警察の規則による制限を正当化し得る。また，薬，不法ドラッグ，毒といった健康を脅かす物とか安全な性行為に関する実践などについて，誤った方向へと導く出版を禁止したり，タバコ，酒などの宣伝を抑制するために，公共の安全の保護の見地から公衆の健康を理由に表現の自由への干渉をも正当化し得るであろう。

(v)　公衆の健康という人権の制限根拠は，自由権規約では，移動及び居住の自由，思想，良心及び宗教の自由，表現の自由，集会の権利及び結社の自由について挙げられている。

健康という文言は，公衆のという形容詞を付け加えるまでもなく，個人の健康の保護に加え社会全体の健康の保護ということを含んでいる。つまり，前項で触れたように，公衆の健康は公共の安全よりも範囲が狭く，公衆の健康の保護という表現は，社会全体の一般的健康のみならず，社会の個別の構成員の健康の保護をもカヴァーしているし，また個人の精神的・肉体的福利をも必然的に含んでいる。

例えば，伝染病に罹った人などの強制隔離あるいは強制入院は，公衆の健康のために課された個人の移動の自由並びに個人の身体及び安全への権利に対する規制である。

(vi)　公衆の道徳という人権の制限根拠は，自由権規約では，移動及び居住の自由，思想，良心及び宗教の自由，表現の自由，集会の権利，結社の自由において挙げられている。

ここに道徳の前に公衆のという形容詞が付け加えられているから，前述の公衆の健康と同じく，社会全体の道徳の保護に重点が置かれていると解すべきではあるが，それのみならず道徳一般の保護に加え社会の個々の構成員の道徳の保護ということも含んでいると解されている。よって，これは，社会全体の道徳の精神とか水準を守ることのみならず，子供の道徳的利益とか福祉の保護といったことをもカヴァーしている。

ところで，道徳とは，公の道徳を意味するのであって，個人の私的なあるいは個人的な道徳を意味しない。そして，公衆の道徳は社会により異なるから，普遍的に適用される一般的基準というものは存在しない。よって，ここでは何がしかの国家の裁量の余地というものが許されざるを得ないであろう。勿論，国家に許され得る裁量権といえども，非差別の原則には従わなくてはならないが。

(vii)　他の者の権利及び自由という人権の制限根拠は，自由権規約では，移動及び居住の自由，思想，良心及び宗教の自由（但し，正確な表現としては，他の者の基本的な権利及び自由），表現の自由（但し，正確な表現としては，他の者の権利又は信用の尊重），集会の権利，結社の自由において挙げられている。

人の権利を他者の権利と衡量するということは，非常に難しいことである。しかし人は皆社会の一員である以上は，自由権規約が前文において個人は他人及びその属する社会に対して義務や責任を負うと認めているように，単なる権利のみならず他者への特別の義務や責任を負うものである。

規約に規定される権利に対する制限の一つとして作用するこの根拠の範囲は，規約に承認された権利や自由に限られないのであり，例えば規約に保護されている権利と保護されていない権利間の衝突においても，これは考慮されなくてはならない。

この制限根拠は，しばしば条約において保護されている権利や自由への干渉の正当化事由として，他の制限根拠と共に適用される。しかし，世論又は公の批判に対し，国家や公務員を守るために，他人の名声に根拠を置くこうした人権への制限を用いてはならない。また，他人の権利を侵害しておきながら，他の個人又は国家に対して自己の個人的権利を主張し侵害行為を正当化することもできない。

(viii)　最後に，例として，緊急事態において最も制限される権利や自由の一つとしての**移動及び居住の自由**に関し，これを規制することが許される正統な目的について，若干補足しておくこととしよう。

既述のように自由権規約は，移動及び居住の自由を制限できる根拠として，国の安全，公の秩序，公衆の健康若しくは道徳，そして他の者の権利及び自由を挙げている。

一般的に，移動の自由への制限が許され得る正統な目的としては，交通の安全のための規制，自然保護区とか動物保護地へのアクセスに対する合理的規制，地震や雪崩地帯，検疫ゾーン，内乱状態の地域，私有地，刑事犯とか軍人などへの制限，といったものが挙げられている。また，他の者の権利及び自由の保護を理由とする移動の自由の規制も多く見られる。

また，昨年の福島原発事故のような災害においても，公共の安全の保護を目的とした輸送や交通の規制は言うに及ばず，結果としての原子力発電所隣接放射能汚染危険地区への立ち入り制限も，公衆の健康を理由として行い得る。

なお，明治憲法下でも，刑罰のため，犯罪捜査のため，軍役に服するため，衛生警察・風俗警察のために，法律に従って特に制限された場合以外は，移動・居住の自由は保護されていた。

(3) 権利の停止について

① 概　　論

(i) 戦争とか内乱といった政治的危機，地震とか洪水あるいは伝染病といった自然又は人為的災害，若しくは経済的危機といった，民主的社会を崩壊させかねない事態は，現実に常に発生し得るものである。ところがこうした事態においては，国民の生命や公の秩序とか国の安全などがまさに危険に曝され，既存の国内法システムでは人権保護に対する効果的な対処は期待できない状況にしばしば陥る。そのためこうした事態においては，人権保護義務に反しようとも人権への何らかの制限を行い危機を克服し，出来るだけ早く社会を正常化し，人権保護を実現する社会を再び回復することが望まれる。

言い換えれば，国家には，こうした民主的国家の根幹を揺るがすような例外的といえる異常事態がいかなる理由により引き起こされようと，人々が人権を効果的に享受できるよう国内の安全を確保する積極的義務がある。

つまり，人権の最も強力な擁護者である国家自体の存亡の危機に際しては，民主的社会の破壊を防ぐ目的で，一時的とはいえ国家が行政権に権限を集中させ個人の権利や自由を犠牲にする人権の保護義務の停止（いわゆる権利の停止）を含むあらゆる手法により危機に立ち向かい，再び人権を尊重する民主的社会を取り戻すことは，まさに国際社会が許すところでありまた望むところでもある。

なお，経済的危機の場合においては，自由権規約起草時においても何ら触れられなかったのみならず，今日でもこの理由が緊急事態における権利の停止を正当化するか否かについては，国際社会において合意は未だ存在していない。とはいえ，西ヨーロッパ諸国は，食料，水，燃料，交通手段，電気などといった，生活に不可欠なものの提供を保証するために，ゼネスト等による経済的危機において非常事態宣言を発する法的権利を認めているが。

(ii)　緊急事態において国家の人権保護義務を一時的とはいえ停止する権利の停止は，その必要性を国際社会が許容しているのであって，民主主義を守るための必要悪とでもいうべき人権の制限措置により民主主義自体の自滅を防ぐことを狙いとしている。

しかるに，こうして緊急事態において採られた措置は，その緊急性あるいは必要性について必然的に政治的判断を含む。そして，例外的危機的状態においては，政治家にとって秩序の維持が最大の関心事であろうから，しばしばその判断は恣意的となり人権の制限は容易に正当化されることとなろう。

歴史上国家は，しばしば非常事態を口実に国家の義務である基本的な人権の保護を否定した。また現在でも，権利の停止が一時的ではなく常態化している場合が多く見られることは，改めて強調するまでもないであろう。

そこで国際社会は，緊急事態における国家の判断の余地を許しつつも，国家に全くの自由な裁量権を委ねることにより国際的関心事である人権が侵害されることを懸念し，権利の停止という手段を何らかの国際的な法的監視システムの下に置くといった手法を追求している。

例えば，一般的人権保護基準の設立を目的とする自由権規約は，締約国が遵守すべき条項の一つとして，権利を停止するに際しての条件を規定した権利の停止条項を含んでいる。なお，これ以外にも，権利の停止に言及している国連人権条約や地域人権条約は，多く見い出すことが出来る。

(iii)　国内法において権利の停止を行い得るとされる緊急事態に関し，国連人権委員会による分析では，戦争，内戦，国内紛争，反乱，暴動，テロ行為，騒乱行為，憲法体制への危険，自然又は人為的災害，経済生活への危機，社会生活において必須である物品の供給又はサービスの維持への脅威など多様な原因が，こうした事態に関連するとされている。

これらから言えることは，権利の停止を正当化する事態に関しては，国際社会には共通の認識は存在していないということである。そもそも，いかなる出来事が権利の停止を行い得る緊急事態を構成するかを抽象的に想定することは，不可能であるのみならず望ましくない。こうした事態の分析から，権利の停止を行い得る緊急事態か否かの判断に際し決定的要因となるのは，まさに事態の深刻度であると言うべきであろう。言い換えれば，権利の停止で問題とする緊急事態と言えるか否かは，民主的社会の維持という圧倒的な関心事を考慮に入れて行う個々の事件の評価によることとなろう。

しかるに，国際社会が主権国家を主な構成単位とする以上，各主権国家が何らかの裁量権を有することは認めざるを得ない。とはいえ，戦争などの緊急事態においてこそ，国家の主権の行使による酷い人権侵害が発生してきた事も事実である。よって，緊急事態においては，国家の裁量権をいかに制限するかということが重要となる。

そこで，国家の裁量権の乱用を防ぎつつ権利の停止を認めるために，自由権規約４条のように，条約により厳格な要件を課しかつ国際社会の監視の下に置くという手法を，国際社会は採用しているのである。

なお，緊急事態を宣言し，その危機を乗り越えるために必要と考える措置を採るか否かはまったく当該国次第であって，国家がその状況を緊急事態と見なさないとの選択を行えば，その評価は最終的なものであるから，いかなる状況下であれ権利の停止は行うことは出来ない。

② 要件一般

(i) 権利の停止は，正常な状態に社会を戻すという目的のためにのみ，正当化し得る。よって，権利の停止の措置は，特定の緊急事態の続く期間に限定されるものでなくてはならない。つまり，比較的短期間しか続かない真に異常な危機のみが停止を正当化する緊急事態となり得るし，また国家が採った緊急措置は，特定の脅威に対して，その程度及び期間共に比例していなくては正当性を有しない。

それ故に，こうした権利の停止に関する規定を置く一般人権条約，つまり，自由権規約，ヨーロッパ人権条約及び米州人権条約における権利の停止規定は，以下のような原則を含んでいる。

第一は，例外的な脅威である事とか比例している事といった，必要性の理論からの原則である。これは，政府が採用した権利の停止措置は，程度及び期間共に特定の脅威に比例していること，また，後述の制限条項により採り得る措置では緊急状態に対処するには不十分である場合以外には用いてはならない，ということを求めている。なお，これに付随して，この措置は，例えば自然災害を理由として政治的権利の停止を導びくことは出来ないように，特定の脅威に対し何らかの関係を有するものでなくてはならない。

第二は，非差別の原則である。

第三は，通告の原則という，手続的な性格のものである。これは，権利の停止を条約締約国に知らしめ停止措置を国際的評価に委ねることで，国際社会による監視を実効的なものとするためである。

では，自由権規約が４条に規定する権利の停止の要件について，見て行くこととしよう。

自由権規約４条

1　国民の生存を脅かす公の緊急事態の場合においてその緊急事態の存在が公式に宣言されているときは，この規約の締約国は，事態の緊急性が真に必要とする限度において，この規約に基づく義務に違反する措置をとることができる。ただし，その措置は，当該締約国が国際法に基づき負う他の義務に抵触してはならず，また，人種，皮膚の色，性，言語，宗教又は社会的出身のみを理由とする差別を含んではならない。

2　１の規定は，第６条（生命に対する権利），第７条（拷問又は残虐な刑の禁止），第８条１及び２（奴隷の禁止），第11条（契約義務不履行による拘禁の禁止），第15条（遡及処罰の禁止），第16条（人として認められる権利）並びに第18条（思想，良心及び宗教の自由）の規定に違反することを許すものではない。

3　義務に違反する措置をとる権利を行使するこの規約の締約国は，違反した規定及び違反するに至った理由を国際連合事務総長を通じてこの規約の他の締約国に直ちに通知する。更に，違反が終了する日に，同事務総長を通じてその旨通知する。

(ii)　国民の生存を脅かす公の緊急事態が存在していること。

これは必要性の原則から出てくるものであり，緊急事態とは，十分な議論の時間もなく即時の行動を必要とする不規則な状況の組み合わせであり，突然の予期せぬ出来事をいう。そして，国民の生存を脅かす公の緊急事態とは，全人口に影響を与えかつ国家を構成している社会の組織だった生活への脅威となる，危機的あるいは緊急の例外的状況を意味する。

具体的には，緊急事態が権利の停止を採ることを可能とする公の緊急事態とされるには，以下の四つの特性を有していなくてはならない。

(ア)　現在かつ急迫したものであること。なお，国民の生存を脅かす公の緊急事態が存在しているか，あるいは差し迫っているか，などという点については，通常政府の長により決定される。そして，長は判断に際し，ある程度自由な裁量を許されるであろう。

(イ)　国民全体を巻き込むものであること。つまり，ここで強調されるべきことは，脅威の重大さであり地理的範囲ではない。よって，ある地域で主に起きているテロ行為とか重大な自然災害といえども，その影響が国の機関の機能を害するならばすなわち国全体に影響を与えるものであるならば，権利の停止を正当化し得る。

(ウ)　人権の制限条項による通常の措置や規制では不適切なものであること。すなわち，権利の停止のもつ例外的なものとしての性格から，国の安全，公共の安全，公の秩序などの権利の制限の正統事由に基づき通常の権利の制限措置を尽し脅威に対処してもその危険を抑えることが出来ないと思われる時のみ，権利の停止条項は適用される。

(エ)　社会の組織だった生活への脅威となる危険が存在していること。なお，こうした脅威としては，人々の個人としての尊厳性や，領土保全，法秩序などの国家機関の機能に対するものがあり得る。

(iii)　事態の緊急性が真に必要とする限度の措置であること。

採られた措置が，事態が真に必要とする限度のものであるか否かは，(ア)権利の停止は，国民の生存への脅威に対処するために必要であるか。(イ)採られる措置は，緊急事態に対処するために必要とされるところに比例しているか。(ウ)真に必要とされる期間に限られているか。の三要件を考慮して決定される。

なお，(イ)の比例性の要請は，達成されるべき特別の目的とその目的を達成するために用いられる手段との間に合理的な関係が存在することを必要条件とするのであり，個人の利益と社会の一般的利益の間に公平な均衡を採ることを求めている。また上記三要件に関しては，当該締約国政府に裁量権が認められはするが，この裁量権も国際社会のチェックを受けることとなる。

(iv)　差別的であってはならない。

つまり，そもそも権利や自由の行使を制限するような措置は，事実上も非差別的でなくてはならないが，特に自由権規約からの離脱を行う措置に訴える場合（つまり権利の停止の場合），４条１項但書の非差別条項を充たさなくてはならない。

(v)　通知しなくてはならない。

規約は４条１項１文において，緊急事態の存在が公式に宣言されていることを求め，３項で，停止の措置及びその理由を国連事務総長を通じて他の締約国に直ちに通知し，権利の停止の終了に際しても同じく事務総長を通じ通知することを求めると明記している。つまり，４条１項で国内法における手続上の通知要件を課し，３項で国際レベルでの通知要件を課している。

なお，公式の宣言がある場合のみ権利の停止は許されるから，宣言しない場合は当然に締約国は通常の条約上の人権保障義務を負うこととなる。それに対し国際的な通知要件は，他締約国及び国際機関による当該締約国の条約上の義務の履行状況の監視を助けるものである。

(vi)　国際法に基づき負う他の義務に抵触してはならない。

ここに国際法に基づく義務とは，以下のようなものを言う。国際慣習法上強行法規とされる大量虐殺の禁止とか奴隷取引の禁止などは，当然に停止が許されない。次に，他の国際法に基づく義務に抵触しないという条件の文脈で考慮されるべき人権関連条約としては，国連憲章，1949 年ジュネーブ諸条約，同追加議定書，強制労働・結社の自由・労働者の権利についての ILO 諸条約，差別撤廃条約，拷問等禁止条約などを挙げることができよう。

また，ノン・ルフールマンの原則といった国際慣習法上の規制とか，更には人質に取ることや誘拐の禁止，恣意的な抑留の禁止，少数民族の権利の国際的保護などといったものも，国際慣習法上停止できない権利とされている。

③　停止できない権利

(i)　自由権規約，ヨーロッパ人権条約，米州人権条約といった一般人権条約が保護する個々の権利や自由は，制限に対する保護の強さに従って，以下に分類し得る（3(2)①(i)を参照のこと）。

第一のカテゴリーは，いわゆる停止を許さない権利であって，平常時のみならず非常時においてさえも権利を停止され得ない。その意味では，最も強い保護を受けるものと言えよう。例えば，生命への権利，拷問等からの自由，奴隷の禁止などがある。

第二のカテゴリーは，規定上内在する制限にしか制限されないように見える権利である。例えば，政治に参与する権利についての自由権規約 25 条が「不合理な」という文言を用いているように，予め定めた制限の範囲により権利自体の限界を定めるものである。

第三のカテゴリーは，緊急事態において権利を停止され得るのみならず，外部の制限手段によっても制限され得る権利である。例えば，移動の自由や表現の自由とか集会や結社の自由といった権利がこれに当たる。

つまり，第二及び第三のカテゴリーの権利については，公の緊急事態には権利の停止を行うことが出来る。とはいえ，これらの人権は，前述のように国の安全とか公の秩序などといった正統な目的のために制限され得る。従って，こうした人権に対しては，通常の制限では治安や秩序を維持し得ない例外的場合のみ，停止条項に規定する幾つかの厳格な条件の下で，特別な規制が可能とされることとなる。

なお,幾つかの権利について停止は認められないという原則は,権利の停止条項における最も重要な原則の一つであり，緊急事態に直面した際権利を停止し得る締約国の権利への，強力な制限となるものである。

(ii)　上記の一般人権条約においては，いかなる権利が停止の対象とならないかについて，条約毎に大きく異なっている。これは簡単にいうと，人権の保護にとり絶対的に重要かつ不可欠な最も基本的な権利に限るか，緊急事態とは何ら関係がないため緊急時における停止は不要であるから権利の停止は正当化され得ないといった権利までを含むか，の違いによるといえよう。

とはいえ三条約共に，生命に対する権利，拷問等の禁止，奴隷の禁止，遡及処罰の禁止といった四権利については，共通して停止が許されないと規定している。よって，これらの権利は非常に基本的なものであり，国際慣習法のみならず強行法規としても，停止は許され得ないと言うことが出来よう。

(iii)　上記四権利以外にも，自由権規約は４条２項において，契約義務不履行による拘禁の禁止，人として認められる権利及び思想，良心及び宗教の自由を，停止できないものと規定している。また，既述のように１項但書が差別の禁止を明示しているから，権利の停止によろうとも差別は決して許されない。

なお，権利の停止条項に明示されていないとはいえ，次のような権利や自由についても，性質上緊急事態においてさえ停止され得ないと考えられている。

まず，停止できない権利の行使に関係する条項であり，自由権規約では2条3項に規定する効果的な救済手段への権利などがこれに含まれよう。

また，権利の乱用のような一般的制限を含む条項を規定する5条1項なども停止できない。

そして，人間の保護にとり最も基本的な権利というべき恣意的な逮捕や抑留からの自由及び適正な法手続への権利も挙げるべきであろう。これらの権利は，既述の三条約のどれにおいても停止され得ない権利とはされていない。しかし，生命への権利とか拷問からの自由といった最も基本的な権利に対し，停止が許されないと明記されているにもかかわらず重大な侵害が行われてきたのは，これらが欠けていたがためである。よって，これらの権利は人間の保護にとり最も基本的な権利である以上，これらの権利を実効的なものとする権利である恣意的な逮捕，抑留からの自由及び適正な法手続への停止は，たとえ認めるとしても，緊急事態により絶対的に必要だとの高次の証明が条件となるであろう。

(4)　小むすび

(i)　人権の制限に関連し，権利の停止については自由権規約起草時に以下のような議論があった。まず一般制限条項あるいは個別制限条項で十分だとの意見が主張された。しかし，例えば戦争とか大災害のような通常の制限条項で考えられる以上の例外的危機状態においては，国家の存続や国民の安全を確保するには，そうした条項では不十分だとの主張が出された。そして，結局こうした事態に対処するために，厳格で詳細な条件を課してではあるが権利の停止を認める条項の挿入が行われた。

つまり，権利の停止は，人権に対する通常の制限では社会の平和と秩序を維持するには明らかに不十分である場合にのみ，幾つかの厳格な条件の下に特別な制限として適用されるものと考えられたのである。よって，権利の停止は，公の緊急事態において，既存の国内法システムでは効果的に対処し得ない場合に，一時的にではあるが人権の保護の停止を行い，これにより一刻も早く正常な社会を取り戻し人権保護を再び実現することを目的とする。そしてまた，権利の停止条項は，緊急事態において政府による権限の乱用を回避することを，意図するものと言うこともできる。

よって，権利の停止を許す規定の要件は厳格であり，権利の停止措置の対象となる人権は，あくまでも条件付きで制限されるにすぎない。そのため，停止し得る権利と停止し得ない権利の相違は，実際はそれほど大きくない場合がしばしばある。

(ii)　ここで，制限条項による人権の制限の手法と，権利の停止によるそれを，ざっと比べてみよう。

両手法共に，事前に立法で，取り得る措置につき詳細に規定する必要がある。但し，前者は権利の制限を意図することから，個別の権利や自由について具体的に規制手続を規定する必要があるのに対し，後者は緊急事態への対処を意図することから，一般的に権利の停止を定める立法は必要だが，停止させる個別の権利や自由についての具体的な規定は必要とされない。

前者は，特定の権利や自由にのみ影響を与えるが，後者は，停止を許されないとされる権利を除き，国民の生存を守る目的で条約中に規定された全ての権利に影響を与え得る。

前者は，継続的な規制を可能にするが，後者は，あくまでも暫定的なものである。

前者は，国家による特別の宣言などを必要としない。それに対し後者は，国家による乱用を防ぐために，国内的には公式の宣言を，国際的には他の締約国への通知を求めている。

しばしば政府は，通常の制限を課し得る理由と同じような国の安全とか公共の秩序といった根拠を，特別な制限である権利の停止を正当化するためにも主張している。しかし，人権の制限条項による制限は，「民主的社会において」「必要な」ものであることを条件とするものであり，通常の状態における国家の体制内における制限である。それ故に，通常の制限手法における制限の正統な根拠の概念は，権利の停止を正当化し得るような例外的危機にまでも適用されることは本来想定されていないと言えよう。

4　緊急事態対処法制

(1)　憲法と緊急事態

①　序　　説

(i)　ほとんどの国の憲法は，戦争とか大災害といった平常時の手段では対処し得ないような国家的危機を招く緊急事態が発生した場合に，行政権に基本的人権の規制や停止を含む例外的措置を採る権限を与える，いわゆる国家緊急権を認めている。そして，こうした権限を定めたいわゆる非常事態条項を，法典中に規定するものが多い。

なお，こうした平常時の手段では対処し得ないような緊急事態に対し，国家の側から立ち向かうための例外的手段が国家緊急権であり，国民の側から立ち向かうための手段が抵抗権である。

では，各国の憲法における非常事態の扱いを分類してみよう。これは(ア)厳格規定型，(イ)一般授権型，そして，(ウ)憲法黙認型，の三タイプに大別できよう。

(ア)は，予め想定し得る緊急事態を出来るだけ類型的に限定列挙して憲法に規定することにより，緊急権を法の厳格な規律の下に置こうとするものである。典型的なものとしては，1968年改正のドイツ連邦共和国基本法における緊急事態条項がある。

(イ)は，緊急事態について，一般的な授権規定である非常事態条項を規定するに留め，緊急事態とかそれに対する対処権限については詳細な規定を置かないことにより，現実的対応に幅を持たせるものである。例としては，フランス第五共和国憲法の大統領の非常事態措置権を挙げることが出来る。

(ウ)は，憲法には何ら緊急権に関する規定を置いていないものである。例としては，日本国憲法や米国憲法を挙げることが出来る。もっとも，米国憲法は，連邦レベルでは非常事態条項が欠落しているが，多くの州憲法には，非常事態条項が明文で含まれている。

(ii)　憲法は，国家権力を法治主義の下に置き，国民の権利や自由の保障を権力分立制度により確保することを第一の目的とする。よって，憲法は，平常時のみならず非常時においても，常に保持されていなくてはならない。とはいえ，平常時の状況を前提として樹立された法レジームが，憲法体制自体を危うくするような想定された事態を遥かに超えた緊急事態において，適正に機能すると期待することは難しい。

なお，こうした緊急事態としては，戦争や内乱といった政治的危機，自然又は人為的災害，あるいは経済的危機といったものが考えられよう。もっとも，いかなるタイプの事態が緊急事態を構成するかを，抽象的に想定し論ずることはあまり意味がない。緊急事態か否かの判断基準としては，既述のように，事態の深刻度こそが最も重要である。

(iii)　では，憲法の基本的秩序が脅かされる緊急事態において，この異常な事態を克服し一刻も早く基本的人権を保障する民主的国家に戻るために，各国の憲法に認められてきている緊急権制度には，いかなる要件が求められているのであろうか。

まず，緊急権の前提となる事態は，平常時の統治機構では対処し得ない真正な例外的状態でなくてはならない。次いで，平常時の憲法秩序の回復が目的であるから，緊急権の発動はあくまでも必要最小限の期間であること，そして，あくまでも暫定的措置であるから，期間中にとられた措置は，非常事態の存続中のみ有効であり，平常時の憲法秩序の修正や廃棄が行われてはならない。最後に，あくまでも憲法秩序回復のために行われる緊急の措置であるから，手段と目的の間には厳格な比例性が求められよう。

ところで，こうした非常事態に対処するために国内法により行政権に権限が付与される方法としては，(ア)緊急事態に備え予め置かれている憲法や法律の規定によって，政府に例外的な特別権限を与える。(イ)憲法上の手続に基づいて，議会が臨時に政府に全権を委任する。(ウ)憲法上の明文の授権規定が置かれていない場合に，政府が超憲法的緊急権を行使して，事後に議会の免責を受ける。といった三形態がある。

(iv)　昨年のような想定外の非常事態において（但し，緊急事態はそもそもが想定外の事態を含む概念である），我が国の政府は，しばしば事態の必要性に重点を置くがあまり，通常の法的枠組みを超えいわゆる超法規的措置により対処する，という手法を採ってきている。しかし，事態に対応することにのみ重点を置く措置は，しばしば必要性を超えて行われ，歯止めなく実行されかねない危険性を含んでいる。

そもそも立憲主義に立脚した民主的国家である我が国は，こうした事態においてすらも，何らかの法的枠組みの中で対処するべきであろう。言い換えれば，国家存続の危機と言うべき様な非常事態においても，憲法秩序を遵守し法治主義の原則に則った対処措置が求められているのである。

では，以下において，我が国の憲法秩序において，緊急事態はいかに扱われてきたのかを，まず明治憲法における扱いを，次いで現行憲法における扱いを，見て行くことにしよう。

②　大日本帝国憲法と緊急権

(i)　明治憲法には，極めて周到かつ詳細な緊急権に関する規定が置かれていた。

まず，勅令の形式をもってのみ定め得る緊急命令である，緊急勅令の制度が設けられていた。これには，法律に代わる立法的緊急勅令と財政上の必要な処分を行う財政的緊急勅令があった。そして，両勅令共に，戦時又は国家事変の場合に限られるわけではなかった。

前者の勅令の要件として，議会が閉会中であること（なお，憲法44条1項より，議会の閉会は両院同時に行われなくてはならなかった。），公共の安全を保持し又は災厄を避けるために必要な場合であること，新たな立法が必要な場合であること，その必要性が緊急であること，といった要件が8条1項に定められていた。もっとも，「必要な場合」とは，あくまでも現在又は将来の不慮の出来事に対処するために必要な場合を意味するのであって，例えば公共の福祉の推進といった理由では勅令を発することはできない，と解されていたが。

後者の財政的緊急勅令の要件として，議会の招集が不能である場合でかつ公共の安全を維持するため緊急の需要がある場合，といった要件が70条1項に定められていた。なお，召集の不能とは，例えば衆議院を解散したが総選挙は未だであるといった法律上の不能な場合とか，交通が不通となり議会を召集できないといった事実上の不能のみならず，臨時議会を召集する時間的余裕がない場合をも含む，と解されていた。また，緊急の需要とは，政府の財政上の必要を意味すると解されていた。

(ii)　また，戒厳の宣告という制度が，14条に定められていた。

戒厳とは，戦時又は事変に際して，兵力によって全国又は一地方を警備する必要がある場合に，人権を保障している法律の効力を停止し，国家統治作用の一部を軍隊に移すことをいう。これは，軍事上の必要から宣告され，行政権や司法権が軍司令官に移る制度であった。

なお，事変とは，天災その他の事変及び警察力では鎮圧し得ない程度の擾乱を意味し得るが，日清戦争時に広島，宇品に，日露戦争時に長崎，函館，台湾などに宣告された例などから，後者の事変をもっぱら意味したものと解されよう。

戒厳の宣告権限は天皇にあったが，戦時における戒厳地域においては軍司令官が宣告し得ると解されていた。もっとも，この場合は直ちに主務大臣に報告しかつ当該地方の行政庁及び裁判所に通知する必要があったが。

また，戒厳地域においては，集会結社の自由，出版の自由，居住移転の自由，住居の不可侵，所有権の不可侵，信者の秘密などに関する通常の法律の効力は停止され，軍司令官は法律に基づくことなく，これらの自由を規制する命令を発し実行する権限を有するものと解されていた。

また，同じように軍隊の権力によって国民を統治することが認められるものとして，行政戒厳という制度が存在していた。これは，緊急勅令により戒厳令の一部が施行される場合をいい，戒厳の宣告が軍事上の必要のために行われたのに対し，行政上の秩序を回復し維持するために行われた。すなわち，行政戒厳は，例えば関東大震災に際し東京及び近隣地域における秩序の乱れに対し，治安の維持を目的として行われたように，あくまでも行政の目的のために軍隊により特定地域を警備することを言うものであった。

(iii)　最後に，天皇の**非常大権**が31条に定められていた。

これは，戦時又は国家事変の場合において行われる天皇に属する権能について定めたものである。緊急勅令の場合と異なり，戦時又は国家事変の場合に限り行われ得る権力についての定めであり，兵力を動かして国家の存立を保持する必要がある場合における，天皇の権限についてである。言い換えれば，戦時又は事変の際における軍隊の戦闘力にとり必要である限度において，軍隊の専制的権力というものを認めたものであった。

③　日本国憲法と緊急権

(i)　日本国憲法は，衆議院解散中の国会の活動についての参議院の緊急集会を例外的に置いているだけで，旧憲法と異なり，緊急時における国家緊急権を想定した，いわゆる非常事態条項は置いていない。

では，なぜそうなったのであろうか。主な理由を三つ挙げておこう。

第一に，敗戦により連合国軍総司令部（G.H.Q.）の統治下におかれた我が国は，明治憲法に代わる民主的な憲法の制定を迫られ，G.H.Q.の提示したいわゆるマッカーサー草案を基に旧憲法を改正し新しく日本国憲法を作成した。ところが，このマッカーサー草案には，緊急権に関する規定は存在していなかった。そこで政府は，緊急命令の制度の導入を幾度も試みたが，G.H.Q.は，内閣の緊急権限により処理すれば良いとして，明治憲法下での悪夢を甦らせるような制度の導入を拒絶した。

第二に，前文に平和主義及び国際協調主義を，９条に戦争の放棄を明記したこともあり，戦争が典型的な場合と考えられた緊急事態に関し，憲法において言及するには至らなかった。

第三に，そもそも占領下においては，戦争とか内乱といった緊急事態への対処権限は占領軍の管轄であることから，被占領国であった当時の日本が関知し得るところではなかった。

(ii)　では，唯一の例外ともいえる参議院の緊急集会は，どう考えるべきであろうか。

日本国憲法は，平常時体制を維持したまま緊急事態に応急的に対処するために，54条2項及び3項に参議院の緊急集会の規定を置いている。これは，衆議院の解散中に限り，本来二院により構成される国会の機能を暫定的に参議院に代行させようとするものである，。

つまり，緊急集会は衆議院が解散中の場合に限られるのであり，天災その他の非常事態により事実上国会を召集できない場合は想定されていない。その意味では，本来の意味の緊急事態における国家権限についての規定とは，その性質が若干異なると言うべきである。

なお，この緊急集会の規定は，一定の限度において一種の立法緊急権を認めるものではあるが，平常時の体制を維持したまま行われるから，人権の制限とか権利の停止に関する憲法的授権というものは存在しない。

(iii)　憲法は，このように国家緊急権についてまったく触れていないのみならず，国家緊急権が認められるか否かについての判例も未だ存在しない。とはいえ，現実問題として，2011年の大震災を例に挙げるまでもなく，緊急事態はしばしば発生してきている。そこで，我が国では，戦争，内乱，地震，津波などといった事態に対処するためのいわゆる緊急事態法制が，法律レベルにおいて整備されてきている。

では，憲法が国家緊急権について黙認していることは，どう考えるべきであろうか。以下に代表的な見解を幾つか挙げておこう。

第一の見解は，立憲主義は，権力を法により縛ることで国民の人権を保障することが主な狙いだから，例外というべき緊急権が憲法上認められるには特別の憲法上の根拠が必要である。よって，国家緊急権について何ら言及がないことは緊急権を否定したものと解さざるを得ない，とする。

これには，憲法の黙認は，日本国憲法の根本原則である平和主義，戦争の放棄，基本的人権の尊重に合致するとして，積極的に評価する立場と，規定が置かれていないことは憲法の最大の欠陥であると消極的に評価し，憲法を改正し緊急権の規定を設けるべきだとする立場がある。なお，積極説には，現実に発生する緊急事態に対処するために超法規的措置を許すことになりかねず，かえって酷い人権侵害を引き起こすのではないかとの危惧がある。

第二の見解は，憲法の黙認は，戦前の国家緊急権の乱用や憲法上の原則である平和主義などから意識的に除外したにすぎないのであり，必ずしも緊急事態に対し必要な措置を取り得ることを否定しているわけではない，とする。

第三の見解は，我が国の国土と国民を守ることは最大の公共の福祉であるが，緊急事態においてはその要請が一層強まるから，公共の福祉などを緊急事態の場合に拡張解釈し対処し得る，とする。なおこれについては，果たして公共の福祉による人権の制限規定は，緊急事態にも適用可能か，言い換えれば，平常時を前提とした公共の福祉概念を，本来予定されていない緊急事態に適用可能かという疑問がある。そしてまた，緊急事態が発生した場合に，公共の福祉を根拠として絶対的な権利いわゆる権利の停止を許されない権利までも制限することは，日本の自由権規約上負っている国際法上の義務に違反する可能性が強いのではないか，という問題も出てこよう。

④　小むすび

(i)　大日本帝国憲法には非常事態に関し詳細な規定が置かれていたが，これらがしばしば政府に乱用され人権が侵害されたという苦い経験は，戦後の緊急事態研究を停滞させた最大の原因となった。その上，歴史上も緊急権制度は常に乱用又は悪用の危険に曝され，戦後においてすら，多くの国において人権抑圧の正当化事由として利用されて来ているという事実がある。

こうした点から，非常事態条項を憲法に新しく加えるべきとの主張に対して，根強い抵抗があることは理解できる。たしかに，現行憲法は，条文を見る限り国家緊急権を否定あるいは無視していると言わざるを得ない。しかし，例えば国際社会において，緊急事態への備えが為されている国として日本とイスラエルがトップに挙げられているように，現実問題として緊急事態が発生する可能性は，自然又は人為的災害の発生が多い我が国においては非常に高いものがある。

そこで，我が国では後述のように，現実への対応策として，法律のレベルで緊急事態に対処するための法レジーム，いわゆる緊急事態対処法制がかなり整備されてはいる。しかし，こうした既存の法律は，もっぱら予測される事態毎にその対処措置を規定した，いわば対処療法的法レジームと言わざるを得ないところがある。非常事態は，それ自体想定外の事態を内包するから，現行法レジームは必然的に超法規的措置を前提としていると言うことすら出来るであろう。

(ii)　立憲主義とは，法により公権力を拘束し国民の権利や自由を保障することを，主な目的とするものである。よって，国家の存立が脅かされ，民主的社会ひいては民主主義そのものが重大な危機を迎えるような緊急事態に対処するためといった例外的場合ですらも，国家はあくまでも法治主義に則って行動することが求められることとなる。

しかるに，例外的といえる緊急事態に対処するに際し法治主義の原則に基づくには，平常時の法体制から非常時のそれへの移行を可能とする法秩序が,前もって樹立されていなくてはなるまい。その意味からも，緊急事態はそれ自体歴史的，社会的事実の一つである以上，こうした事態に関する必要最小限の法制化，言い換えれば憲法上明文により緊急事態を認知することは，非常事態における人権の保護のためには望ましいと言うことができよう。

国際緊急権への嫌悪からその法整備を怠り，結果として，現実に発生する緊急事態に対処するためとはいえ歴史的に人権侵害が発生する典型的な例の一つとして挙げられてきた超法規的措置に頼ることは，法治主義ひいては民主主義自体の自殺行為と言わざるを得まい。民主主義を守るためには，民主主義の根幹というべき法治主義の原則を，たとえ民主主義にとり異常と言わざるを得ない緊急事態においてさえも，可能な限り遵守することが望ましい。

そもそも，現在のような「事態」毎の対処法では，あらゆる事態を網羅することは不可能と言わざるを得ない。既述したように，いかなる事態が緊急事態を構成するかを想定することよりは事態の深刻度こそが重要であるから，何らかの包括的な基本法の必要性は高いといえよう。そして，基本法はいうに及ばず，憲法への非常事態条項挿入などといった立法化を行いに際しては，当然のことながら人権の保護のために慎重な配慮がなされなくてはならないことは，言うまでもなかろう。

⑵　緊急事態対処法の自由権規約適合性

①　序　　説

(i)　憲法は，基本的人権を侵すことの出来ない永久の権利と規定し，憲法改正によっても奪うことの出来ない権利として絶対的に保証している。しかし，人権は無制限で無制約だというわけではない。人間は社会的存在である以上，個人の利益と個々人の集団としての社会の利益が衝突する場合には，自身もその一員である全体のために，調整的機能を果たす何らかの制限を受け入れざるを得ない。

それに対し国家には，国民が人権を効果的に享受することができるよう国内の安全を確保するという，積極的な義務がある。そして，こうした国家の義務は，国民の生命や公の秩序ひいては国の安全が危険に曝される緊急事態には，一層強まることとなろう。

こうした緊急事態に対しては，平常事態を前提とした国内法システムでは効果的に対処し得ない。しかるに，我が国では，一昨年発生した大震災のような大災害の発生は避けることが出来ないにもかかわらず，既述のように憲法は何らの言及もしていない。とはいえ，こうした緊急事態が発生した場合の必要な措置をとるために，後述のように多くの法律において緊急事態に対処するための詳細な規定が置かれている。一言でいうと，こうした緊急事態対処法制というべき緊急事態に対処する法レジームは，まさに必要性が生み出したものである。

(ii)　国内的関心事として専ら国内管轄事項と見做されていた人権問題は，第二次大戦後国際的関心事として国際社会の監視の下に置かれることとなった。そして，今日においては，国際人権法を無視した国内の人権に関係する法は，もはやその正統性すら危うくなってきている。

さて，条約と国内法の関係，例えば条約の国内的効力とか条約の国内実現手続などは国内管轄事項であるから，締約国の自由な主権行為である。しかるに我が国では，自動執行的で他に別段の国内立法措置を要しない条約は，公布されると原則として直ちに国内法としての効力をもち，その効力は憲法と法律の中間にあると解されている。なお，批准した条約については，国際法上履行義務を負うことは言うまでもない。

ところで，我が国が1979年批准した前述の自由権規約は，この規約が規定する権利や自由を尊重し確保する絶対的かつ即時的な義務を締約国に負わせている。よって，緊急事態において何らかの権利や自由への制限を課す規定を置いた我が国の緊急事態対処法は，自由権規約が締約国に保証義務を負わせた人権の保護，例えば権利の制限とか停止に関する条項の要件について，まさに規約との適合性を問われることとなる。

なお，憲法典に非常事態条項が置かれていないため現状では法律により緊急事態に対処しているが，これらの法律による措置は，たとえ権利の停止に至らない人権への制限といえども，自由権規約の要件に適合していなくてはならないことを，再度確認しておきたい。

②　緊急事態対処法

(i)　我が国では，憲法上国家緊急権への言及は見あたらないが，事実としての緊急事態に対処するために詳細に規定した多くの法律が存在する。そのため，今や国家緊急権は法律により制度化されたと言ってもよかろう。

さて，国内法システムにおいて，権利の停止を正当化し得るような緊急事態は，既述のように大きく分けて政治的危機，自然あるいは人為的災害，経済的危機の三形態に分類できよう。では以下に，我が国の法律が扱っている事態をざっと見ることとしよう。

まず，外敵により引き起こされた緊急事態に対処する措置（いわゆる対外的緊急事態に関する措置）としては，自衛隊法に基づく自衛隊の防衛出動，安全保障会議設置法に基づく国防上の重大緊急事態への対処措置，日米安保条約に基づく日米共同防衛行動がある。更にまた，外部からの武力攻撃に対処する基本法というべき武力攻撃事態法などもある。

内乱や公の秩序を脅かす国内における緊急事態に対する治安維持のための措置（対内的緊急事態に関する措置の中で，治安維持を目的とするもの）として，警察法第六章の警察緊急事態対処措置や自衛隊法に基づく治安出動がある。なお，内乱に関しては，事後に刑法により内乱罪に問い得る。

対内的緊急事態に関する措置の中で，災害事態に関するものとしては，まず大規模自然災害に対しては，災害対策基本法に基づく災害緊急措置，自衛隊法による地震災害への派遣などがある。また，原子力災害のような大規模人為災害に対しても，原子力災害対策特別措置法や自衛隊法が，対処措置を定めている。

なお，経済的危機については，恐慌とかゼネストなども災害対策基本法の対象となるかといったような問題がある。また，例えば西ヨーロッパ諸国は，食料や燃料などの生活必需品とか交通手段や電気といった社会サービスの提供を保証するために，経済的危機において非常事態宣言を行う法権限を規定している。しかし，本稿では，経済的危機については扱わないことをお断りしておく。

(ii)　では以下に，現在の我が国の緊急事態対処法を，便宜上簡単に分類し表にしてみよう。

《緊急事態対処法の分類例》

〈1〉　対外的緊急事態に関する措置

①自衛隊による防衛出動措置	（自衛隊法 76 条，77 条：第 7 章）
②重大緊急事態への防衛的対処措置	（安全保障会議設置法 2 条）
③日米共同防衛行動	（日米安保条約 5 条）
④領空侵犯に対する措置	（自衛隊法 84 条）
⑤武力攻撃への対処措置	（武力攻撃事態法 3，9 条，第 4

章，なお18条：国民保護法5条，第4章，なお174条）。

〈2〉　対内的緊急事態に関する措置

⑴　治安維持を目的とする措置

①緊急事態の特別措置　（警察法第6章）

②治安出動　（命令による→自衛隊法78条：要請による→自衛隊法81条）

⑵　災害事態に関する措置

①災害緊急措置　（災害対策基本法第8章）

②災害派遣　（一般→自衛隊法83条：地震→同法83条の2：原子力→同法83条の3）

③救助に必要な強制措置　（災害救助法第2章）

④洪水や高潮への防災措置　（水防法第3章）

⑤感染症への強制措置　（感染症法第4章）

⑥非常災害時土地使用措置　（土地収用法第8条3節）

⑦非常事態における防禦措置　（消防組織法24条の2, 24条の3）

⑧大規模地震対策措置　（大規模地震対策特別措置法19, 21, 24条：自衛隊法83条の2）

⑨原子力災害対策措置　（原子力災害対策特別措置法15, 26条：自衛隊法83条の3）

(iii)　ここで，前述の「緊急事態対処法の分類例」に従い，その特徴をざっと見ることとしよう。

「対外的緊急事態に関する措置」は，外部からの武力攻撃に対する防衛行為を主に規定している。もっぱら自衛隊による行動が予定されているが，判断者は大体の場合総理大臣である。国民保護法のように政府や都道府県知事の場合もあるが。

なお，自衛隊の防衛出動には，国会又は安全保障会議の承認が必要である。また，日米安保条約や武力攻撃事態法は，国連安全保障理事会への報告を求めている。

こうした武力攻撃に対する防衛的対処措置と人権の保護の関係についてみると，武力攻撃事態法及び国民生活保護法が基本的人権の尊重を規定しているが，これは他の法律における防衛行動においても遵守されるべき性格のものというべきである。

「治安維持を目的とする措置」は，大規模な災害，騒乱，あるいは間接侵略といった緊急事態であり，総理大臣の判断による主に治安維持のための警察や自衛隊の出動を想定している。警察の出動の前提である緊急事態の布告や自衛隊の出動命令は，布告後あるいは命令後国会の承認が必要である。

最後の「災害事態に関する措置」の対象は，地震，津波，洪水等の大規模自然災害とか原子力災害のような人為的災害などの，政治的危機を除くあらゆる事態を含むといえよう。

ここでは，対象の必要に応じ，救護，救助，災害防禦などといった緊急措置が規定されている。こうした緊急措置の必要性の判断は，総理大臣や都道府県知事などが行う。

なお，災害事態においては，移動の自由や財産権への制限がしばしば行われるが，たとえ緊急事態という特殊な状況下であろうとも，人権の制限には慎重でなくてはならないことは，改めて言うまでもあるまい。

(iv)　我が国では，憲法中には何ら国家緊急権に関する規定が存在しないにもかかわらず，多くの緊急事態対処法が主要な緊急事態について類型化して制定されている。

では，緊急事態対処法は，緊急時における行政権の一時的優位及び憲法が明示する基本的人権の保障の一時的停止などについて，いかに規定しているのであろうか。

そもそも憲法の保障する基本的人権は，絶対に無制限なものではなく，公共の福祉のための制限に服する。そして，公共の福祉による個人の基本的人権への制限が憲法に適合しているか否かの判断については，正当な制限事由とされている社会利益の重要性と必要性，利益達成のための当該制限の必要性，制限の必要最小限度性，などについて検証されなければならない。

しかるに，緊急事態対処法には，しばしば緊急事態についての定義が無かったり有っても不明確だったりすることに加え，基本的人権への制限となる場合について曖昧なあるいは抽象的な規定しかないものも多々見られる。

そもそも我が国は自由権規約を批准しているのであるから，条約締約国としての国際的条約遵守義務がある。よって，緊急事態対処法は，人権への制限を主な内容の一つとする以上，自由権規約における人権保護条項が規定する人権の制限要件を充たすことが求められる。

例えば，災害対策基本法における立ち入りや通行の制限とか禁止は，その事態が**通常の事態**に含まれる程度の場合においてであっても，移動の自由について規定する自由権規約 12 条の権利の制限の要件に適合していなくてはなるまい。更にまた，これが緊急事態に際し基本的人権の保障を一時的とはいえ停止するような規定を含む場合は，自由権規約 4 条の権利の停止条項が規定する要件に適合していなくてはなるまい。

言い換えれば，緊急事態対処法が権利の停止に該当するような権利の制約を規定する場合，もし権利を停止するならばという条件の下ではあるが，本稿 3(3)において述べたように，「公の緊急事態が存在するか」，「緊急性が真に必要とする限度での停止か」，「差別無く適用されているか」，「停止され得ない権利を明示しているか」などという点が，問われることとなる。

③　例としての武力攻撃事態法

(i)　ここで，緊急事態対処法の自由権規約4条（権利の停止）との適合性について，武力攻撃事態法を例に考察することとしよう。

正式には「武力攻撃事態等における我が国の平和と独立並びに国民の安全の確保に関する法律」と呼ばれるいわゆる武力攻撃事態法は，有事立法といわれる一群の法律の中核をなすもので，2003年に制定された。

ここに「有事」とは，広くは地震や津波といった自然災害も含む緊急対応を要請される非常の事態をいうが，通常は，外国からの武力侵攻とか国内の武力蜂起のような警察力では鎮圧し得ないような擾乱を指す。そのため，軍隊の存在を否定する条項をもつ日本国憲法の下で，有事に関する法律は永い間制定されていなかった。ところが，2001年9月11日のテロ事件を切っ掛けとして，国際情勢の激変とそれを受けての世論の変化により，武力攻撃事態及び武力攻撃予測事態への対処に関する基本法としての性質をもつ本法が制定されたのである。そして，これに呼応し，武力攻撃事態に際し国民を保護するための，「武力攻撃事態等における国民の保護のための措置に関する法律」いわゆる国民保護法が，翌2004年に新たに制定された。

本法は，外国からの武力攻撃を受けた場合又はその切迫した危険がある場合あるいはその危険が高度に予測される場合に，内閣が対処方針を決め国会の承認を求めるための手続及び組織を規定している。

(ii)　いわゆる有事立法については，憲法9条が戦争を全面否定していることから，戦争のような事態を前提とする法律の制定自体が憲法上問題ではないか，といった指摘も根強くある。よって，ここではこうした憲法上の議論は他に譲り，あくまでも本法と自由権規約との適合性についてのみ考えることとしたい。

なお，既に本稿3⑶①で述べたように，公の緊急事態において自由権規約締約国は，権利の停止を行う場合においては規約4条の要件を充たすことが，条約上の義務である。

とはいえ，権利を停止することは締約国にとり権利であって義務ではないから，この権利の行使は締約国のあくまでも自由である。そして，権利の停止を行わないならば，当然に通常の法レジームが適用される。よって，緊急事態において権利を停止することなく締約国が行った権利への制限は，条約の制限条項が規定する条件を充たしているかという，自由権規約上の通常の履行義務の問題となる。もっとも，ここで対象となる緊急事態は，通常の事態より深刻な人権侵害を招き得るような例外的な事態であるから，平常時の制限と比べると必要性の判断などにおいて一層の厳格さが求められるべきであろう。

さて，自由権規約締約国は，国民の生存を脅かす公の緊急事態が存在すれば，同規約4条の要件を充たすことを条件に，権利の停止すなわち締約国としての条約上の義務である規約による権利や自由の保護義務からの逸脱を，行うことができる。

では以下に，本法の規約4条適合性について詳しく見て行くこととしよう。

(iii)　本法に規定する「武力攻撃事態」は，2条の「定義」から，国民全体を巻き込む，人権の制限条項による通常の措置や規制では不適切な程の，社会の組織だった生活への脅威となる危険が存在する事態を想定していると考えられる。従って，本法は，いわゆる権利の停止を必要とするような「国民の生活を脅かす公の緊急事態」をも想定している，と言って良いであろう。

そこで以下において，本法が権利の停止を行うことのできる緊急事態を想定していることを前提に，権利の停止を行うかどうかは締約国の判断であることから，我が国が権利の停止を行うとすればその場合において遵守すべき要件，すなわち規約4条の規定に，本法の規定が適合しているかどうかを，本稿3(3)②の権利の停止要件を参考に詳しく見て行くこととしよう。

まず，緊急事態の「公式な宣言」については本文中に規定されているから，この要件は充たされている。

次に，事態の緊急性が「真に必要とする限度」の要件に関しても，期間及び必要とされる限度に言及した規定が置かれている。

また，「国際法に基づく他の義務に抵触しないこと」という要件にも，明文で言及している。

しかし4条は，2項において明文でたとえ緊急事態といえども条約上の保護義務を逸脱できない（いわゆる停止できない）権利を限定列挙している。しかるに本法は，憲法上の基本的人権に関する規定の最大限の尊重義務を規定しているにすぎない。すなわち，基本的人権の最大限の尊重義務を明記し，加えて，事後対処措置として実施し得る措置を制限列挙することにより，武力攻撃事態において制限し得る権利や自由を限定してはいる。しかし，緊急事態といえども絶対的に保護されるべきいわゆる停止できない権利に対してすらも，何らかの制限が行われ得る余地を残している。よって，4条2項の停止できない権利についての絶対的保障の条項とは適合しないと言わざるを得ない。

最後に，規約4条3項は，権利の停止を行った締約国に対し国連事務総長への通知義務を明記している。これは，国連事務総長を通して他の締約国に通知することにより権利の停止を国際社会の監視の下に置き，締約国により乱用されることを防ぐという意図をもっている。しかるに本法には，国連安全保障理事会への報告義務が規定されているのみであり，事務総長への通報については何らの言及もない。これは，武力の使用に関しては国連憲章

51条（自衛権）が，加盟国に対し安全保障理事会への報告義務を課していることから，日米安全保障条約5条2項（共同防衛）の規定と同様の報告義務を課したものと思われる。よって，安全保障理事会への報告と事務総長への通知は，その目的がまったく異なるから，安全保障理事会への報告で規約4条3項の要件を充たしたということにはならない。

(iv)　このように，本法は，武力攻撃事態といった平和時を前提とした法レジームでは対処し得ないような例外的事態であり権利の停止を行い得るような緊急事態を想定している。にもかかわらず，前述のような規約4条の権利の停止の条項と適合しない規定を含んでいる。

これは一言でいって，本法の作成において，武力の行使をもっぱら対象とする国際人道法との適合性は十二分に検討されたにもかかわらず，残念ながら人権の保護に焦点を合わせる国際人権法への配慮が足らなかったためであろう。

思うに，最も人権侵害の起きる可能性が高い緊急事態を想定している本法のような場合においてこそ，事態への対処に際し一層の人権への配慮が望まれよう。その意味でも，例えば武力攻撃という究極の異常事態においては，民主的社会を守るためにこそ国際社会の批判に耐え得るような法的枠組みに基づく権利の停止という手法を，視野に入れることが必要ではないかと思われる。

5　むすびとして

(i)　戦争とか大震災あるいは原発事故といった自然又は人為的災害により引き起こされる民主的社会を破壊しかねない事態は，過去において発生したし，また将来も起き得るであろう。

しかるに国家は，人々が人権を保障され自由を享受できる民主的社会において平和に暮すことが出来るよう，すなわち，不当な干渉を受けることなく権利や自由を享受できるよう，社会を組織し運営する義務を負っている。言い換えれば，例外的事態がいかなる原因により引き起こされようとも，人権の最も強力な擁護者として国家は，人々が人権を効果的に享受できるよう民主的社会を一時も早く復元する義務がある。そして，この義務を果すためには，国家は人権に対し何らかの制限を行わざるを得ない場合すら有り得るのである。

とはいえ，たとえ民主的社会を守るためとはいえ，人権の保障を一時的にであれ放棄することは必要悪とでもいうべき措置であり，あくまでも例外的な措置であるべきである。目的が何であれ人権を抑圧することには，人権の最大の侵害者でもある国家は，慎重な上にも慎重でなくてはならない。

本稿3で述べた人権の制限，すなわち個人の人権を制限するための手法として国際人権法上認められている，幾つかの正当な目的すなわち公益により国家が人権の制限を行うことを許す人権の制限条項による手法や，戦争とか自然あるいは人為的災害といった公の緊急事態において国家が人権保障義務を一時的に離脱することを許す権利の停止という手法は，それ自体人権保護を有名無実化しかねない危険性を孕んでいることには，十二分に注意する必要がある。

(ii)　緊急事態という例外的状況における例外的扱いの必要性を強調することは，権力による人権の抑圧・侵害を容易に認めることになりかねないという危惧は，明治憲法下における国家緊急権の乱用の事実を指摘するまでもなく，十分理由があると言うことが出来よう。

とはいえ，緊急事態のすべてを，武力紛争や有事を例に挙げつつ起きてはならない例外的な異常事態と断じ，事態の特殊性に着目した処理のみを行うならば，まさに超法規的措置という個別事例毎の，言い換えれば場当り的な対処策により，事態を乗り切るということになるであろう。

歴史が，最も深刻な人権侵害はしばしば非常事態において発生してきたという事実を教えているように，超法規的措置はそれ自体法の支配という民主主義の大原則に反するものであり，人権を侵害する可能性を常に含んでいる。

そこで国際人権法は，たとえ緊急事態という例外的な事態においてであれ法の支配の原則に基づく民主的社会を守るために，人権への制限に対し人権保護のための厳格な条件を課し，主権国家にある程度の裁量権を認めつつも制限措置を国際社会の監視の下に置くシステムとして，本稿3のような手法を作り出してきている。

なお，少なくとも緊急事態に対処する為の国内法は，我が国が締結した条約は誠実に遵守するべきとする憲法上の義務からも，自由権規約の関連条項に合致するものでなくてはならないと言うことができよう。

(iii)　緊急事態が重大かつ深刻なため既存の法体制では適切な対処が期待できない事態が発生し得ること，しかし，そうした事態においてさえ法的枠組みに基づき対処することが人権の保護の見地から望ましいことなどから，国際社会は権利の停止という例外的手法を創り出したのである。

しかるに，一昨年の大震災においては，想定外の緊急事態に効果的に対処し得ず，結局は場当り的な超法規的措置に頼る状態が多々見られた事は，否定することのできない事実である。残念ながらこうした緊急事態における法的規制の不備を露呈させた対処措置は，第二次大戦後人権問題を国際社会全体の関心事と位置付け，国際社会の監視の下で国民を人間として扱うことにより個人の人権の保護の実現を推進してきた国際社会の評価には，到底耐え得ないと言わざるを得ない。

今回の災害を切っ掛けとして，既存の緊急事態対処法の見直し，ひいては緊急事態対処基本法のような包括法の必要性の声が大きくなってきたことには，その意味では十分理由があると言えよう。しかし，こうした法律は，我が国が遵守義務がある条約，特に自由権規約の規定に合致することが必要であることは，改めて述べるまでもあるまい。これにより，我が国の緊急事態法制は，国際社会の評価に耐え得るものとなるのであるから。

【参考文献】

美濃部達吉，『憲法撮要〔復刻版〕』(有斐閣，1999年)
松井茂記，『日本国憲法」〔第三版〕』(有斐閣，2007年)
芦部信喜，『憲法」〔第五版〕』(岩波書店，2011年)
拙著，『国際人権法概論』(信山社，1994年)
拙著，『緊急事態と人権』(信山社，2007年)
D. Bonner, "Emergency power in peacetime" (1985年)
S. Joseph, J. Schulte, M.Castn, "The ICCPR" (2nded) (2004)
M. Nowak, "UN CCPR" (2nd revised ed.) (2005)
J. Oraá, "Human Rights in States of Emergency in International Law" (1992)
A. Svensson-McCarthy, "The International Law of Human Rights and States of Exception" (1998)

2 原子力災害と人権の保障

阿部浩己

1 「不運」と「不正義」の間──災害言説の変容

災害とはどこまでが「不運」でどこからが「不正義」なのか，という政治思想家シュクラーの問題提起を受けて，ある論者は次のように言葉を継いでいる。「この二分法は，おおむね，日本語の「天災」と「人災」という区別に呼応している。ある災害が「天災」だったというとき，われわれはそれを不運として位置づけている。他方,「正しくないことが行われて災害が発生した」と感じれば,われわれは事態を「人災」と呼び,その正しくないこと,すなわち不正義がいつどこでどのようにして起こったかを追及したいと思う」(鈴村興太郎・須賀晃一・河野勝・金彗『復興政策をめぐる≪正≫と≪善≫』(早稲田大学出版部, 2012年) 52頁)。

天災と人災,つまりは不運と不正義の境界線をどこに引くのかはけっして容易な作業ではないが,災害言説にあって明瞭に感知できるのは,不正義が不運の領分に侵入し続けている様である。災害はかつて人智を超える「神の仕業」あるいは不運として処理される側面が強かった。今日においても不可抗力(想定外の事態)ないし天罰といったものに結び付ける思考様式は依然として根強いものの,それでも,災害を超常現象ならぬ日常現象ととらえ,科学的な知見に基づく予防措置等により防災・減災が可能であるという認識が着実に広まっていることは紛れもない。

こうした言説変容を促している要因の1つは,いうまでもなく国家活動の拡大にある。現代は社会生活の隅々にまで行政の規制が及ぶ時代であり,このため国家の責任,言い換えれば「不正義」の局面が増幅されていくのは事理の必然といってよい。また,政治過程へのアクセスの度合いによって住民の脆弱度が決せられることを詳らかにしたアマルティア・センの画期的分析が,ひとり飢僅の場合を超えて災害一般に妥当するとの認識が共有されるようになったこともいうまでもない。

不正義の領分の広がりは,災害時における住民・人間の位置づけを転換させる誘因にもなっている。現に被災者は,いまや強者の助けを待つ脆弱な「要保護者」から,災害の防止と復旧・復興に主体的に関与する「権利の主体」として立ち上げ直されている。「自然災害時における人々の保護に関するIASC活動ガイドライン」は,次のようにいう。「被災者は,単に慈善活動の恩恵を受ける受動的な立場ではなく，特定の義務履行者に対し権利を主張できる個別の権利保持者ということになる。…被災者は法の真空地帯に生きているわけではない。被災者は，国際的・地域的な人権文書を批准し，人権を保護する憲法，法律，規則および制度を備えた国に住んでいる国民である。従って，国家は，その管轄下にある市民およびその他の人々の人権を尊重し，保護し，充足する直接の責任を負っている」。

こうして災害が不正義や人権の文脈に引きつけて語られるなかにあって，国際法秩序における災害の位置づけにも変化が生じつつある。災害，とりわけ自然災害と国際法の規範的結び付きはこれまで希薄といってよいままに推移してきた。国家間の重大な利益に系統的にかかわる安全保障や通商取引等とは異なり，自然災害は1国内で収束する短期的な事態として，国際社会の対応も，18世紀のエマニュエル・バッテル以来変わらぬ人道主義humanitarianismの発現にとどまってきたところがある。もっとも，国際関係において顕現する人道主義には政治・外交的利害が仮託されるのが常といってよく，このゆえに，災害をどう定義し，いかなる場合に救援・救助活動を展開するかについて法的な縛りを緩やかにしておくことは，なにより各国の主権的利益にかなう事態でもあった。

冷戦が終結し21世紀に入ると，災害（自然災害）は国際関係に系統的関わりを持つ問題としての性格付けをいっそう強めていく。災害のもたらす人的・経済的コスト，なかでも発展途上国の災害が引き起こすグローバル経済への影響を看過できなくなってきたとの認識をその背景に見て取れる。その一方で，災害は「人間の安全保障」を含む安全保障言説の枠組みにあって安定した国際秩序を紊乱する要因の1つとみなされるようになり，さらには，上述したように災害と国際人権保障の結び付きも強まっている。

災害は，たとえ自然災害であっても，人道主義の領野に据え置かれるものではなく，主権行使の在り方を規制（調整）すべき法的課題へと，その位置づけを変容しつつあるといってよい。

原子力災害は，こうした災害言説一般と連動しつつも，その際立った特異性ゆえに，特殊な法言説をもって表現されてきているところがある。人権の視座を踏まえ，以下でその実相を考察する。

2　核の平和利用への国際的対応

(1)　原子力災害の特異性

核兵器の脅威または使用の合法性に関する1996年の勧告的意見において，国際司法裁判所（ICJ）は次のような認識を示していた。「核爆発によって放出される放射線は，非常に広い範囲にわたり健康，農業，天然資源および人口統計に影響を与えるであろう。電離放射線は，将来の環境，食糧および海洋生態系を損傷し，未来世代に遺伝疾患と疾病を引き起こすおそれがある。」（パラグラフ35）。

放射線の放出という特有の性質を有する核兵器との関連で示されたこの認識は，その実，原子力災害一般にそのまま妥当するものでもある。放射性物質の大量拡散がもたらす人体・環境への被害において，核の軍事利用と平和利用との間に本質的な差異はない。そもそも，ウラン濃縮と使用済み核燃料再処理という原子力技術が，「機微な技術」として核兵器の製造そのものに直結していることはここに改めて確認するまでもあるまい。軍事利用と平和利用の境界は，その始点（製造）にあっても終点（爆発）にあっても，あまりにあいまいというしかない。松井芳郎がいうように，「この二つの利用方法を分かつのは，基本的には用いられる技術の性格ではなく，それを用いる人間の意図である」（「原子力

平和利用と国際法──日米原子力平和利用協定を中心に──」『法律時報』第50巻7号（1978年）46頁）。

ICJは上記勧告的意見において強力な放射線が長期にわたって放出されることにも言及しているが，平和利用に供された原子力施設で生じる災害であっても，その規模・度合いが大きいほど放射能汚染は長期化せざるをえない。原子力災害と他の災害との決定的なまでの違いの1つがそこにある。

一般に，災害によって常居所からの避難を強いられた者は，まずは，避難所に身を寄せ，さらにそこから仮設住宅で時を過ごし，最終的には恒久住宅へと身を移す。一連の過程を迅速に成し遂げることが，被災者の人権保障の観点からなにより望ましいことはいうまでもない。そして，恒久住宅として通例想定されるのは常居所への帰還である。つまり，災害で一時的に離れざるをえなかった元の住処に戻り日常生活を再開することこそが災害対応の—とりわけ居住の観点からの—とりあえずの帰結点といってよい。ところが，原子力災害の場合には，常居所の土壌が放射性物質により深刻にかつ長期的に汚染されるため，こうした「解決」への道をたどることが著しく困難になる。不可能といわざるを得ない場合もあることは，チェルノブイル事故の顛末に明らかである。

原子力災害についてもう1つ特徴的なのは，被害の広域化である。「原爆による放射線の残存量と原発から放出されたものの放射線の残存量は，1年たって原爆が千分の一程度に低下するのに対して，原発からの放射性汚染物は十分の一程度にしかならない」（児玉龍彦）という。原子力災害は，核兵器よりもはるかに多くの放射線汚染物質を残存させる。このため，迅速かつ有効な除染作業がなされないと，汚染された粒子が天候の影響も受けながらきわめて広範囲にかつ予測困難な方向性をもって飛散していくことになる。放射性物質が広域に降下するということである。放射性降下物がもたらす残留放射線は，呼吸や飲食によって体内に取り込まれることにより，内部被曝を引き起こす。そうして生ずる放射線障害の危険性は，細胞分裂の盛んな乳幼児，子どもについていっそう大きなものになることが知られている。

国際原子力機関（IAEA）と経済協力開発機構原子力機関（OECD/NEA）は，原子力事故・故障の度合いを見極める基準して，国際原子力事象評価尺度 international nuclear and radiological event scale を策定し，日本でも 1992 年からこの尺度が採用されている。レベル 4 から 7 が事故 accident，レベル 3 以下が事象 incident として区別されるこの尺度が適用された事例は，世界的にけっして少なくない。ロシアのキシュテムで 1957 年に起きたレベル 6 の事故から始まり，2011 年の福島第一原子力発電所でのレベル 7 の事故まで，事故・事象が断続的に生起している。

人や環境への被害という点では 1986 年のチェルノブイリ原子力発電所事故（レベル 7）が最もよく知られているだろうが，1957 年の英国ウィンズケール原子炉火災事故（同 5）や 1999 年の東海村 JOC 臨界事故（同 4）も深刻な事態を引き起こした点においては同様である。1979 年の米国スリーマイル島原子力発電所事故（同 5）の衝撃はいうまでもなく，英国やフランスの原子力施設でもこうした事故・事象が 1980 年（同 4），1993 年（同 2），2005 年（同 3）と引き続き生じている。総じて，1980 年頃からはほぼ 10 年刻みで大きな原子力事故が起きていることがわかる。

こうして見ると，福島第一原子力発電所が示す長期化し広域化する原子力災害の実態は，チェルノブイリ事故の直接の舞台となったロシア，ウクライナ，ベラルーシはいうまでもなく，原子力施設の点在する現代世界が背中合わせに抱え込んだ現実の危険というべきものであろう。

⑵ IAEAの安全規制と人権

原子力発電に代表される核の平和利用という考えを世界的に広める直接の契機になったのは，1953年12月に国連総会でアイゼンハワー米国大統領が行った「アトムズ・フォー・ピース」演説である。米国の軍事戦略を体現したその演説の中で強調された核の平和利用，核兵器の不拡散，核軍縮という3つの原則が，1957年に設立された国際原子力機関（IAEA）と1968年に採択された核兵器不拡散条約（NPT）の基礎をなしていることは周知のとおりである。

IAEAは，核兵器の拡散防止のために多くの先進的試みを実施してきているが，その一方で，公衆の健康や環境の保護にかかる安全規制，つまりは一般市民の生命や身体・健康の保護については必ずしも同水準の関心を示してこなかった。現に，国際民間航空機関（ICAO）や国際海事機関（IMO）が航空機，船舶の設計・運用・事故報告等に関して厳格な基準を法的拘束力をもって示してきたのに対して，IAEAは原子力の安全規制につき非拘束的な基準を提示するにとどまってきた。そもそも原子力発電の危険性そのものを過小評価する傾向も見られた。ブルントラント委員会の示した懸念に対する消極的対応にその一端がうかがえるが，チェルノブイリ事故直後に示されたブリックス事務局長（当時）の次のような認識にもその様相がはっきりと現われ出ている――「事故は大したことはない。死者もわずか31名，そのうち2名は消化の際の火傷で死んだもので，放射線障害による死者は29名，これ以上増えることはない」，「原子力の平和利用の歴史でこれ以前に死者が出たことはない」（吉田康彦『国連広報官－国際機関からの証言』（中央公論社，1991年）137頁）。

前述のとおり，自然災害が1国内で生起する短期的な出来事として国際秩序における関心を集めてこなかったとしても，原子力災害は国境を超えて長期にわたる影響を生じさせかねない。それだけに，安全規制は航空機や船舶と同様に初手から国際義務の対象になってもおかしくないように思える。だが，航空機などとは違って「原子力発電所は，固着性を有し，1国の国内管轄権下に確固としてとどまるもの」とされ，安全規制の問題も基本的に国内的関心の枠を本格的に踏み出して行くことはなかった。

安全保障に関わる政策への国際的関与を避けようとする力学がその背後にあって強く働いていたことはいうまでもないが，ただそうとしても，チェルノブイリ事故が国境を超える大規模な被害を引き起こし，核の平和利用への信頼が大きく損なわれたことで，図らずして従前の認識の転換が迫られたことは紛れもない。こうしてIAEAは特別会期を招集してただちに原子力事故通報条約と原子力事故援助条約の採択・発効を実現させたのだが，それらの文書はいずれも事故後の対応に焦点をあてるもので，原子力施設の安全自体にかかる拘束力ある法文書（原子力安全条約）の作成には，さらに8年の月日が必要とされた。

1994年に至り，ようやく原子力安全条約が締結されたことで安全規制の透明性等が高まったことはむろんたしかである。しかし，同条約にあっても市民の生命・身体・健康への関心は副次的な次元にとどめられたままであった。この点は，施設の安全面に瑕疵があってもなお原子力の推進に重きをおいた主権的決定を許容する第6条の次の文言から容易に推認することができよう。「締約国は，この条約が自国について効力を生じた時に既に存在している原子力施設の安全について可能な限り速やかに検討が行われることを確保するため，適当な措置をとる。締約国は，この条約により必要な場合には，原子力施設の安全性を向上させるためにすべての合理的に実行可能な改善のための措置が緊急にとられることを確保するため，適当な措置をとる。当該施設の安全性を向上させることができない場合には，その使用を停止するための計画が実行可能な限り速やかに実施されるべきである。使用の停止の時期を決定するに当たっては，総合的なエネルギー事情，可能な代替エネルギー並びに社会上，環境上及び経済上の影響を考慮に入れることができる。」

第10条でも，原子力の安全について締約国は「最優先」ではなく「妥当な優先順位を与える」ことをもってよしとされている。その他，この条約には精細な安全基準を定めた附属書もなく，議定書を通して規制内容を事後的に具体化・最新化していく手法も導入されることはなかった。

他方で，チェルノブイリ事故は原子力事故に伴う損害賠償制度の不適切さも浮き彫りにした。被害諸国によるソ連への損害賠償請求が――政治的判断により――差し控えられる一方で，原子力損害賠償レジームへの普遍的参加と越境損害への適切な対応を実現するためIAEA・OECDの下で締結されていた諸条約を統合・強化する新たな条約が断続的に採択されることになる。だが，それによって「1950年代後半に成立して以来，平和的な原子力産業（原子力法）の礎になってきた法制度自体が国際的性格を有する人権の要素に関心を寄せてこなかった」（Luis Rodriguez-Rivera, "The Human Right to Environment and the Peaceful Use of Nuclear Energy", *Denver Journal of International Law and Policy,* Vol.35 (2006), p.181）事態に抜本的な変化が生じたわけではない。「原子力の平和利用に参加する自国政府の作為または不作為によってその生命および尊厳が危険にさらされる個人の人権は，今日にあってもなお無視されたままである。原子力の平和利用に対する国際刑法アプローチもなされていない」というロドリゲス・リベラの評価には，原子力の安全規制・損害賠償にかかる国際レジームが人権への視座を制度的に十分に反映させられないままにあることへの強い批判が込められている。

IAEA は，その設立文書第２条において「全世界における平和，保健及び繁栄に対する原子力の貢献を促進し，及び増大するように努力」することを機構の目的として明記し，第３条では「全世界における平和的利用のための原子力の研究，開発及び実用化を奨励しかつ援助」することを任務の１つと定める。原子力という危険性が際立って高い技術を世界的に広めていくことにこの機構の存在理由がかけられていることがわかる。もとより安全規制に対する期待値が高まるのは当然であり，実際に安全原則，安全要件，安全指針にかかる IAEA の安全基準は漸次拡充されてきている。だがそうではあっても，機構の上記目的・任務に照らしてみれば，原子力の推進それ自体を妨げるような基準の提示は本来的に困難というしかない。そこに，IAEA による安全規制を限界づける構造的制約があることに留意しておかなくてはならない。

実際のところ，グリーンピース・インターナショナルは「しばしば，その安全基準は加盟国にとって受入れ可能な最小公分母におかれている」と指摘しており，また，2011 年６月に開催された原子力安全に関する IAEA 閣僚会議の宣言および同年９月に採択された世界の原子力発電所の安全性向上を目指す行動計画が，いずれも「強制性」を薄め各国の「自発性」に安全規制を委ねたことを踏まえ，次のような指摘もなされている。「既存の原子力供給国で，なおかつ今後も原子力利用を維持ないし拡大していきたい国々の中には，レビューの定期的な実施や，調査の無作為抽出と抜き打ちの実施など，IAEA の強制的な権限行使を拡大しようとする動きへの根強い抵抗がある。……そのためこうした国際レジームの強化は容易でない」（福島原発事故独立検証委員会『調査・検証報告書』（2012 年３月 11 日）360-361 頁）。さらに，原子力安全委員会委員長が次のように発言していることも想起される。「一番低い安全基準か何かを電力会社が提案すると何となくそれを規制当局としては飲んでしまう。今度はそれが出されると，国が既にここでお墨付きを与えているんだから安全ですよといって，安全性を向上させる努力というのを事業者の方ではやらなくなってしまう」(『国会事故調　報告書』462頁)。

3　原子力災害への人権アプローチ

(1)　国際人権機関における放射能汚染の取扱い

奇妙というべきか，放射線の脅威が知られていたにもかかわらず，原子力災害への関心は国際人権機関にあってもほとんど示されることがなかった。現に，生命権を扱った自由権規約（市民的及び政治的権利に関する国際規約）委員会の一般的意見14（1984年）は，核の軍事利用についてその製造，実験，保有，配備および使用を人道に対する罪と等視し，きわめて強い言葉をもって非難しているのに対して，核の平和利用が孕む危険性に関しては一言の言及もない。ちなみに，1980年に放射性廃棄物の投棄により現在および将来世代の生命への権利が脅かされることを訴える個人通報が提出されたが，同委員会は規約第6条1項にかかわる重大な問題が提起されていることを認めながら，国内救済措置不消尽を理由にこれを却下している（Communication No.67/1980)。また，フランス領ポリネシアでの核実験による生命権と私生活・家族生活への権利の侵害を訴えた通報についても，「被害者」要件を欠くこと等を理由に不受理の判断が下された（Communication No.645/1995)。

もっとも，チェルノブイリ事故を経ることで放射線被害への関心はいくばくか広まったのかもしれず，社会権規約（経済的，社会的及び文化的権利に関する国際規約）委員会が採択した到達可能な最高水準の健康に対する権利に関する一般的意見14（2000年）には，健康的な自然および職場環境への権利（同規約第12条2項(b)）との関連で，「放射線…その他人間の健康に直接または間接に影響を与える有害な環境条件に住民がさらされることの防止および低減」が特記され，水への権利に関する一般的意見15（2002年）でも，個人の利用に供される水が「人間の健康を脅かす……放射性危険物質のないものでなければならない」と明記されるようになっている。

チェルノブイリ事故の影響は，定期報告審査の際に問題とされた。たとえば，社会権規約委員会はベラルーシに対して，事故後にとられた医療・福祉措置に留意しつつ，汚染地域に残された子どもたちへの懸念を表明している。子どもの権利委員会も同国に対して，癌・免疫不全・貧血など子どもの疾病の増加と，被災者への長期的政策に基づく支援の欠如等に懸念を表明し，疾病の早期発見・予防の強化・長期的な健康管理計画を勧告した。同委員会はウクライナについても，大気・食糧の高濃度汚染と長期的な健康・社会心理的影響への関心が不足していることに懸念を表明し，健康管理の改善・疾病の早期発見・予防を勧告している。他方で女性差別撤廃委員会も，ウクライナについてチェルノブイリ事故等がもたらす生態学的危機が条約の実施を危うくしていることに留意し，ベラルーシについては汚染地域における女性の健康への悪影響（乳がんの増加等）を懸念するとともに，さらなる影響調査を勧告した。

日本との関連でも，東海村JOC臨界事故後に行われた2001年の社会権規約委員会における定期報告審査の際に，原子力施設の安全にかかわる必要な情報の透明性・公開性の欠如と，原子力事故の予防および事故が起きた際の迅速な対応のための準備計画の不足について懸念が表明され，事態を是正する措置をとるよう勧告が出されている。さらに，社会権規約第3回定期報告審査に先だって発せられた事前質問リストでも，2011年の福島での事故を踏まえ，原子力事故防止計画の見直し・強化と，原子力事故により影響を受けた者の健康への権利を保護し充足するためにとられた措置について情報を提供するよう求められている。

このように，原子力事故の発生を機に国際人権機関が事前・事後の対処や健康権の観点等から核の平和利用について関心を示しつつあるさまが見て取れる。もっともその対応は総じて微温的なものにとどまっており，放射線がもたらす人体・環境への破壊的影響についてこれを正面から問題視する認識の深まりはいまだ感知できない。

(2) 実体的権利としての環境権

放射能は，大気・土壌・水・食品等を汚染することにより人体に影響を生じさせる。清浄な環境が損なわれることにより人間の生命・健康等の人権が危険にさらされるということであり，この意味において，原子力災害からの人権の保護は「環境」の側面と切り離しがたくある。

原子力の特異性を国際人権法の観点から考究する議論がほとんどなされていない一方で，人権と環境一般については少なからぬ研究が積み重ねられてきた。これまでのところ，理論的な課題として大きくは2つのテーマへの取り組みがなされている。1つは，両者の関係をどのように捉えるかという課題であり，次の3つのアプローチの所在を見て取れる。第1は，清浄な環境を人権享受の前提条件とするもの。第2は，人権を清浄な環境を実現するための実体的・手続的道具とするもの。第3は，人権と環境を「持続可能な開発」という概念の下に統合するもの，である。これらは相互に連動しあいながら各国の政策決定過程に影響を与えてきている。

2つ目のテーマは，清浄な環境への権利を新しい人権として認めるべきかどうかに関わる。アフリカ人権憲章（第24条）や米州サンサルバドル議定書（第11条）といった地域人権諸条約にはすでに明文の環境権規定が置かれており，国連人権機関でも環境権を独立した権利として認める文書が構想されたことがある。だが，少なくとも現在までのところは，規範内容の不明確性や政治的・技術的困難さ等のゆえに，実体的権利としての環境権は普遍的な支持を受けるには至っていないといわざるをえない。松井芳郎の言葉を借りるなら，「個人の実体的権利としての環境権…の主張はほとんど四面楚歌の立場にある」（『国際環境法の基本原則』（東信堂，2010年）231頁）。

ただし，既存の実体的権利の中に間接的に環境権を読みこんでいく方途は開かれている。環境と人権の関係を議論する規範的端緒になったのが1972年のストックホルム宣言（原則1）であったため，それ以前に採択されていた国際人権規約には環境への関心が必ずしも意識的には織り込まれていなかった。それでも，安全かつ健康的な作業条件を求める社会権規約第7条(b)，子ども・年少者に対する有害な労働を禁ずる同第10条3項，環境衛生及び産業衛生のあらゆる状態の改善を求める同第12条2項の規定等が環境保護に関わる重要な側面を構成することはいうまでもない。1989年に採択された子どもの権利条約には，「環境汚染の危険を考慮に入れて」健康及び医療に関する権利の実現が図られるべき旨が明定されている（第24条2項(b)）。

国連人権理事会では，有害物質の不正投棄等にかかる諸決議において環境劣化が生命や健康への権利に重大な脅威になることが何度となく確認されており，他方で，女性差別撤廃委員会や社会権規約委員会，自由権規約委員会など普遍的人権条約機関も，一般的意見や定期報告審査後の総括所見において，環境劣化が及ぼす人権（健康権等）への影響について頻繁に懸念を表明してきている。自由権規約委員会には，環境汚染が生命権や私生活への権利の侵害にあたる旨を訴える個人通報も提出されている。先述のとおり，被害者要件の不充足等により却下決定を受けることが多いものの，実体的権利侵害の可能性そのものが排斥されているわけではない。

環境と人権に関する規範面の精緻化がいっそう進んでいるのは欧州であり，とくに欧州人権裁判所には注目すべき判例が蓄積されている。環境保全への権利の不在を理由に申立を却下していた欧州人権委員会の初期の判断とは異なり，同裁判所は欧州人権条約の実体規定の解釈を通じて環境権の実質化に寄与する判断を，多少の揺らぎを伴いながら示してきている。

判例を瞥見するに，申立の多くが私生活・家族生活の保護に関する第8条に基軸をおいて構成されており，主たる争点となっているのは国家の積極的義務の内容とその履行の如何である。同裁判所によれば，環境汚染が同条の問題となるには，当該汚染が申立人の生活等に直接に影響を与えるものであること，および，有害な影響が一定のレベルに達していることを必要とする。後者についての判断は相対的なものであり，生活妨害の強さ・継続期間，身体的・精神的影響の度合い，周囲の環境状態等を総合的に勘案して決せられる。その際，規制の手段・方法等については相当の裁量（評価の余地）が締約国に認められている。

欧州人権裁判所では，生命権を定める第2条との関連で環境問題が取扱われることもある。危険な活動からの生命の保護について，同裁判所は締約国に高度の規制義務（公衆の情報への権利の保障を含む。）を課しているが，当該義務の範囲は第8条の場合と概ね重なりあわされており，また，環境災害がどのような理由で生じたか，その危険性を減ずることがどの程度可能であったかといった事情なども勘案して義務違反の認定がなされている。なお裁判所は，生命権等の侵害が意図的に引き起こされた場合を除き，公正な民事・行政救済等が用意されているのであれば，必ずしも刑事手続きをとる義務までが国家に課せられるわけではないという認識も示している。

国連や欧州等の人権機関におけるこれまでの実務に照らしてみれば，原子力災害は，放射能による重大な環境汚染ゆえに，あらゆる実体的人権規範，なかでも生命権，私生活・家族生活の権利，健康権，相当の生活水準への権利（食糧権，水への権利，居住権を含む。），さらに労働権の保障にかかる問題を，おそらくは他の災害以上に深刻に引き起こすものとして定式化されてしかるべきものであろう。国家の義務の観点からすると，普遍的人権条約の文脈では，「確保義務」あるいは（「尊重・保護・充足」という3層義務構造に引きつけていえば）「保護義務」の在り方がとりわけ重要になることはいうまでもないが，原子力関連の活動には，その危険性からして最高度の規制義務が課せられるというべきである。

(3)　国家の義務，環境権の手続的保障

環境汚染にかかる国家の義務に関して注目されるのは，2011年9月に人権法専門家・NGOにより作成された「経済的，社会的および文化的権利の領域における国家の域外義務に関するマーストリヒト原則」である。特に，その原則第13は，社会権の享有を無効にしまたは毀損する「現実の危険」を生じさせる作為・不作為を国家が控えなければならず，権利侵害が国家の行動の「予見可能な結果」としてもたらされた場合には国家責任が生じると明記している。予見可能性とは，国家が権利侵害の危険性を了知していた場合のみならず，了知してしかるべきであった場合も含

む。同原則はさらに続けて，生じ得る影響が不確実であることをもって国家の行動は正当化されないと定め，「予防原則」の導入も宣言している。リオ原則第15の定式に鋳直せば，社会権への深刻なまたは回復し難い危険性が存在する場合には，完全な科学的確実性の欠如を予防措置等をとらない理由として用いてはならない，ということである。

もっとも，そうとしても，国家がどのような規制措置を具体的にとるべきかはただちに明らかになるわけではない。それゆえことのほか重要になるのが影響評価の実施である。必要な情報を開示し，人権への影響を事前に評価することで，現実の危険を回避する国家の義務の効果的な履行が促されていく。評価の公正さと正統性を確保するうえで，公衆あるいは利害関係者の参加と評価結果の公表を欠かすことはできず，マーストリヒト原則第14にはその旨も明文で記されている。環境法の領域で発展してきたこうした影響評価の手法は人権法の領域にあっても徐々に広がりつつあるが，とりわけ原子力との関連では必須のものと位置付けられてしかるべきであろう。

ところで，環境汚染・環境保全手続きにかかる情報へのアクセスと参加は，生命権，私生活への権利等に内包される権利であるとの認識が欧州人権裁判所によって示されてきている。同裁判所は，「第8条は手続的要件への言及を明示的には含んでいないものの，干渉措置につながる意思決定過程は公正でなければならず，同条により保護される個人の利益に相当の尊重を払うものでなければならない」として，環境劣化により影響を受ける者の情報へのアクセスと意思決定過程への参加が同条の遵守に欠かせないことを示唆する。同裁判所はまた，適切な影響評価の不実施と評価結果の非公開が私生活等への権利の侵害にあたる旨の判断も導いている。環境汚染にかかる「本質的情報 essential information」

については，国家の側がこれを積極的に提供する義務を負っていると判示していることも特筆すべきところである。

欧州人権裁判所のこうした規範認識は，普遍的な射程を有する上記マーストリヒト原則にそのままに投影されているものでもある。国際人権法システム内における相互浸透性の実情を踏まえるに，（生命や私生活等にかかる）実体的人権規範が情報へのアクセスと意思決定過程への参加を権利として内在させているという認識は，グローバルなレベルで確実に深化していくであろう。「すべての者は，自己の権利に影響を与える決定に十分な情報を与えられて参加する権利を有する」というマーストリヒト原則第7は，高度に危険な活動の影響を受ける者との関係においてとりわけて重要性を帯びるのであり，人権影響評価はそうした手続的権利を実現するための必須の手段というべきものである。

周知のように，リオ宣言は第10原則において，環境権の手続的保障が3つの柱から成るとして，情報への権利，参加の権利，司法その他の救済手続きへのアクセスの権利に言及している。上述したことに加え，人権諸条約が効果的な救済への権利を明文で保障していることも鑑みるに，こうした「手続的権利としての環境権」は現行国際人権法において相応に保障されるに至っているといって過言でないが，この3つの柱をさらに深化させた，1998年のオーフス条約（環境問題における情報へのアクセス，意思決定への参加および司法へのアクセスに関する条約）の先端的意義についても，ここで改めて確認しておく必要があろう。

オーフス条約にあって，環境情報はとても広く定義されている。締約国は公衆にそうした幅広い環境情報へのアクセスを保障するとともに，環境に関連する計画・政策，行政規則・拘束力ある規範文書の策定にあたり効果的な参画機会を公衆に提供するよう努める義務も負う。また，環境についての意思決定に影響を受けるかあるいは利害関係を有する公衆は，その過程への広範な参加権を保障されている。行政の過誤を正す司法へのアクセスについても，当然ながら原告適格が広く構想されている。

国際人権条約が情報へのアクセス権を「被害者」に限定するのが一般的なのに対して，オーフス条約では特別の利害をもたぬ公衆にもそれを保障しているところが特徴的である。意思決定過程への参加についても，人権条約の枠内ではすべての者にその機会が保障されるわけではなく，また，環境に関する意思決定一般について参加機会が開かれているわけでもない。あくまで特定の環境活動により個別具体的に影響を受ける者がその機会を保障されるのを原則とする。この点でも，利害を有する者すべて（NGOを含む。）に参加の機会を開くオーフス条約の射程の広さを看取することができよう。オーフス条約には条約の履行を監視する準司法的な遵守審査委員会も備わっているが，この委員会に対して環境NGOが通報を提出し，条約の実施が促進されてもいる。

環境にかかる手続的保障を拡充するオーフス条約は普遍的な参加を得ているわけではないものの，関連規定の解釈を通して人権条約にも積極的に組み入れられてしかるべき要素を多く有している。ただし，「手続的権利のみでは，開発と経済利益に有利な支配的推定を覆すことはほとんどできない」ことは念頭においておくべきだろう。参加の権利主体を限定している現在の人権条約の枠内にあっては，とりわけそうである。より本質的な謂いとしては，松井の次の説示に留意しておかなくてはならない。「[参加]の権利を行使して公衆が表明した意見は，政策決定に当たって「考慮」されるべきものではあるが，これが尊重されることは保障されていない。他方では，参加は行われた政策決定の正統性を増大させ，翻って正統性は決定の遵守を強化する。つまり参加は，行われた政策決定の遵守を確保するためのイデオロギーとしても機能するのである」(松井芳郎)。

しかも，公衆の参加は，環境に優しい政策決定を必ずしも保障するものではない。公衆が常に人権に有利な判断を下すとの保証はなく，むしろそこには，現実世界の力関係が相似形をもって投影されることもありうる。手続的保障は，それを通して実現すべき実体的価値へのコミットメントを欠くときには，環境の劣化を正統化するメカニズムとして機能する危険性すら有している。だからこそ，「形の上では「参加の権利」をふまえて民主的に決定された政策によって，環境が破壊され個人の権利が損なわれることに対して，人権—実体的権利としての環境権であれ，既存の人権諸条約が保障する人権であれ—は最後の砦となりうる」という松井の指摘がいっそう重要性を増す。環境権を語る際には，手続的保障が構造的に随伴する「ステークホルダー・ポリティクス」の陥穽にもつとめて敏感でなくてはならない。

4　フクシマと人権

(1)　不正義の断層

IAEA 基本安全原則の定めるとおり，日本でも原子力施設の安全確保の第一義的な責任は事業者(福島事故の場合には東京電力)にあり，同時にその監督責任が国の規制機関に託されている。国際人権法の観点からすれば，原子力事業に起因する生命・身体・健康権の侵害から市民を保護する義務が国に課せられていることはいうまでもない。

だが，IAEA の体制がそうであるように，日本の原子力法制も，原子力基本法第 1 条が象徴的に示すとおり，原子力の研究・開発・利用の促進の利用に主目的をおき，安全の規制あるいは人権の保障は第二義的な関心にとどめられてきた。国会事故調査報告書も，「日本の原子力安全に関する法律は，戦後，原子力利用の促進を第一義的な目的として，原子力の利用に伴う危険性，特に，重大な原子力事故によって国内外に深刻かつ長期にわたる被害が及ぶリスクを明確な課題として認識することなく制定された。また，その後の法改正・法制定においても…国民の生命・身体の安全の確保を第一義的な目的とした抜本的な法改正等は行われなかった」(536頁）と記している。福島第一原子力発電所で生じた未曾有の事故を覆う多くの不正義の淵源もそこにある。

前述したように，東海村 JOC 臨界事故後に行われた 2001 年の社会権規約定期報告審査に際して，同規約委員会は，日本における原子力事故の予防および事故が起きた際の迅速な対応のための準備計画の不足について懸念を表明していた。福島にあっても，巨大地震と大津波という自然の脅威に対する準備計画が不足していたことは明らかだが，それは「想定外」の不運などではなく，歴然たる不正義というべきことが事後の検証によって確認されている。国会事故調は，こう述べる。「今回の事故の原因は，何度も地震・津波のリスクに警鐘が鳴らされ，対応する機会があったにもかかわらず，東京電力…が対策をおろそかにしてきた点にある。東電は…たとえ警鐘が鳴らされていたとしても，発生可能性の科学的根拠を理由として対策を先送りしてきた。……こうした姿勢を許してきた規制当局…に看過できない不作為があったものと評せざるを得ない。……今回の事故は決して「想定外」とはいえず，対策の不備について責任を免れることはできない」(451頁)。

具体的には，耐震バックチェックの遅れと津波対策の先送りが致命的な事態を引き起こすことになった。1～3号機が炉心損傷に至ったのは全交流電源喪失の状態が長時間続いたためだが，これは，すでに 1993 年の時点でその可能性が指摘されながら，発生確率の低さと原子力施設の耐久性を高く評価する原子力安全委員会によって安全設計審査指針が変更されなかったことに起因している。なにより，シビア・アクシデント対策が地震・津波という外部事象を想定せずに行われてきたことは，日本の国土のあり方に照らし，重大な過失といわざるを得ない。原子力については，人権保障の観点から最も高度な規制義務，さらには予防原則を組み入れての対応が国に求められているというべきは既に述べたとおりである。

経済産業省原子力安全・保安院の試算によれば，1～3号機から大気中に放出された放射性物質のうちセシウム137の量は広島に投下された原爆の約168個分であったという。また，ヨウ素換算ではチェルノブイリ原発事故の約6分の1の放射性物質が放出されたという。いまだ収束からほど遠いこの惨劇により，避難区域の指定は福島県内12市町村に及び，避難者数も2011年8月29日の時点で14万6500人余に達した。チェルノブイリ事故後1年以内に避難した人たちの総数（推計11万6000人）を上回っている。

住民は，避難区域の拡大に伴って発せられた避難指示のたびに長時間の移動を余儀なくされ，しかもそれによって逆に高線量汚染区域に避難してしまった人たちがおり，さらに，過酷な状況下での移動の結果として，近傍の病院・介護老人保健施設に入院・入所していた少なくとも60人もの生命が2011年3月末までに失われてしまった。緊急時対策支援システム（ERSS）が電源喪失により機能不全に陥ったことを理由に，緊急時迅速放射能影響予測ネットワーク（SPEEDI）が最も危機的な状況下において活用されることもなかった。そもそも，「SPEEDIは……立地地域に浸透していたわけではなかった。ましてや，SPEEDIの予測データに基づいて，立地自治体や，住民が自発的に原子力災害への備えをしておくような状況もなかった」（福島原発事故独立検証委員会『調査・検証報告書』186頁）。つまりは，原子力災害時における避難計画は形骸化の貌を呈しており，社会権規約委員会が懸念していた「原子力事故の予防および事故が起きた際の迅速な対応のための準備計画の不足」がそのまま現実になってしまったということでもある。

原子力災害を真に想定した準備計画が用意されていなかったことから当然というべきか，事故発生後における情報の提供もきわめて不十分なものとなった。政府は，「すべて公開することで国民がパニックになることを懸念し」てSPEEDIによる情報の公開を2011年5月2日まで控える一方で，同年3月25日には屋内退避指示区域の住民に対して，判断に必要な情報を提供しないまま「自主避難」するよう勧告を発している。避難区域の設定・解除も含め，真に必要な情報へのアクセスと意思決定過程への参加を保障しようとする姿勢を政府の対応に見て取ることは難しい。

「着の身着のまま」で自宅を離れ，数度にわたり避難先の変更を強いられ，結果的に長期的な避難を強いられることになった住民からすれば，事業者・国による規制義務の重大な懈怠に加えて，情報へのアクセス・参加の保障にかかる不適切な対応により，私生活への権利，生命権，健康権，労働権をはじめ，生活の根幹を支える人権諸規範が深刻かつ重層的に脅かされることになってしまった。

なお，付言するに，地震発生直後に内閣総理大臣が発した原子力緊急事態宣言は原子力災害対策特別措置法第15条1項に基づくものであり，これを自由権規約第4条1項の定める緊急事態宣言であると解することはできない。現に日本政府は同条3項に基づく通知の手続きもとっていない。もとより，社会権規約には緊急事態におけるデロゲーション規定そのものが存せず，同規約委員会は，一般的意見等を通じて社会権規範の中核義務については効力停止が許容されないことを明言している。

(2) 被災者の位置

2011年4月22日に設定された「警戒区域」・「計画的避難区域」・「緊急時避難準備区域」は，同年9月30日に緊急時避難準備区域が解除された後，2012年3月末から，放射線の年間積算線量に応じて「帰還困難区域」(50mSv超),「居住制限区域」(20mSv超50mSv以下),「避難指示解除準備区域」(20mSv以下）の3区域に再編されることになった。

自主避難者も含め，原発事故により常居所地を追われている者は，世界各地で強制避難の状態にある多くの人々と同様の「喪失の危機」に直面している。それらを名指すなら，土地の喪失，職の喪失，住居の喪失，健康・生命の喪失，食の安全の喪失，共有資源へのアクセスの喪失，コミュニティの喪失，といえようか。これに付言するに，周縁化・差別の危機にさらされる点もまた同様である。被災者自身が社会的に脆弱な立場におかれるうえに，被災者集団の内にあってもジェンダーや障害，国籍等を理由にさらなる脆弱性の階層が顕現しやすいことはいうまでもない。

それゆえ，被災者支援には平等を基盤に据えた人権アプローチの採用が不可避というべきだが,この点で看過してならないのは,原発事故による避難者たちが国際法上の「国内避難民 internally displaced persons」に該当するということである。1998年に国内避難民担当国連事務総長が作成した「国内避難民に関する指導原則」は,同原則の適用される者を次のように定義している。「特に武力紛争，一般化した暴力の状況，人権侵害もしくは自然もしくは人為災害の結果として，またはこれらの影響を避けるため，自らの住居もしくは常居所地から逃れもしくは離れることを強いられまたは余儀なくされた者またはこれらの集団であって，国際的に承認された国境を越えていないもの」。この定義に原発事故避難者が該当することは，文言上疑いない。この原則は普遍的適用を企図されており，先進工業国だからといってその適用が排除されるものではない。むろん，避難している人たちを「国内避難民」という名称によって表記する義務まであるわけではないものの，少なくとも当該定義に該当する者との関係では，「指導原則」に沿った対応が国際法上要請されていることには留意しておく必要がある。

「指導原則」には，上述した「喪失の危機」にある人々に特に必要とされる人権面での配慮が詳記されている。それらは，新たな義務を国家に課すものではなく，既存の国際法上の義務を国内避難という特殊な状況にある人々との関係で鋳直したものにほかならない。福島の文脈にあっても「指導原則」が有意な政策指針として機能することには違いないが，なかでも，家族生活を尊重される権利(原則 17)，適切な生活水準への権利(原則 18)，障害者・女性の健康上の必要に対する特別の配慮（原則 19)，財産・所有権の保障（原則 21）はことのほか重要であり，さらに，原子力災害であるだけに「国内の他の場所に安全を求める権利」(原則 15)の実現がとりわけて強く求められることは改めて強調するまでもない。

原則 15 の権利は，避難の権利と言い換えることができる。避難の権利は国内避難民の定義に該当するすべての者に保障されるべきものではあるが，しかし実際のところ，避難を「強いられまたは余儀なくされた」かどうかを判断するのは容易なことではない。国によって設定された避難指示区域からの避難であれば格別，「ただちには健康に影響があるわけではない」という低線量被曝を憂慮して指示区域外から自主避難する者も国内避難民といえるのか。

2012年3月30日に成立した福島復興再生特別措置法は，「基本理念」において人権への考慮を相応に示す一方で，「復興再生」の重心を避難ではなく除染においている。低線量被曝による健康への影響は科学的に十分解明されてはいないものの，放射線防護の観点からは被曝量を可能な限り小さくすることが望ましく，そのためにとりうる方法は避難か除染しかない。だが除染は，校庭・公園・住宅地において線量低減の効果がある一方で，表土の剥ぎ取りが困難な農地や森林には限界があるとされている。表土剥ぎ取りによる放射性廃棄物の処分場も確保されないままである。生活基盤も除染が完了すれば回復するというものではなく，住民の中には除染に対する疑問の声も少なくない。国家事故調は，こうした現状を踏まえて，「住民が，帰宅又は移転，補償を自分で判断し，選択できるような，地域の実情や住民の意思をくんだ，総合的な被ばく低減策を講ずる必要がある」（447頁）と結論づけている。

科学的知見が定まっておらず閾値がない中で，日本における公衆被曝許容限度についての社会的合意は年1mSvであった。米英独仏各国においても年1mSvという数字が共通に採用されている。また，ウクライナでも，1991年の「チェルノブイリ原子力発電所事故により放射性物質で汚染された地域の法制度に関するウクライナ国家法」が第1条で「住民に年1.0ミリシーベルト（0.1レム）超の被曝をもたらし」た地域を「汚染された地域」と定義し，同地域をさらに4つに区分したうえで，国の対応を詳細に定めている。チェルノブイリ事故により直接の被害を受けた諸国は，汚染地域のなかに自主的避難区域を設定して住民に避難権を保障し，その実質化のために積極的な措置をとり，避難せず滞在を続けた人たちにも補償金の支払いや医療費免除等の措置が講じられている。

こうした実情を踏まえ，福島の事態にあっても，生命・健康権等の保障を十分に考慮した基準に基づいて，避難の権利の実質化と人的範囲の確定が「指導原則」により求められているというべきである。「権利の実質化」とは，権利の行使を可能にする条件整備を含意するが，改めて確認するまでもなく，その実質は個々の被災者が現実の生を営む経済的・社会的・文化的文脈に沿って設定されなくてはならない。避難を選択せず滞在を続ける者にも同等の支援が確保されるべきことは，チェルノブイリの先例が説示するとおりである。

なお，原子力損害賠償紛争審査会「東京電力株式会社福島第一，第二原子力発電所事故による原子力損害の範囲の判定等に関する中間指針追補（自主的避難等に係る損害について）」(2011年12月6日）は，避難指示等対象区域の周辺に自主的避難対象区域を設定し，事故時に同区域に居住していた者については，避難した者であっても避難しなかった者であっても同額の賠償を認めるものとした。これは，避難する権利を実現するための一歩には違いないだろうが，人的・場所的範囲や賠償額を含め，避難する権利の実質化という意味では不十分との評価を免れまい。もとより，「指導原則」(28および29) が定めるとおり，国には，避難した被災者が尊厳をもって元の居住地に戻ることができる条件を整備し，その財産の回復と補償支援を行う義務が課せられていることも忘れてはならない。

(3) 放射能の拡散

原子力事故による放射性物質の飛散は，既に述べたように，長期にわたり広域の被害をもたらさずにはいない。だが日本では，放射線にかかる環境基準は市民一般との関係ではまったく整備されてこなかった。「放射線あるいは放射性物質は，原子力事業者など限られた者しか取り扱わないから，取り扱いに関係する人に関してのみ一定の被曝限度を定めてこれを雇用主等に遵守させることとし，一般人の放射線被曝に関しては原子力事業者に放射線や放射性物質の外部への放出限度さえ定めておけばよいとされていた」（日置雅春『拡大する放射能汚染と法規制－穴だらけの制度の現状』（早稲田大学出版部，2011年）48頁）わけである。そもそも大規模な原子力事故は起こらないものと想定されていたため，福島第一原子力発電所の事態が引き起こした市民の被曝に対しては法令上対処のしようがなかった。

食品汚染に関する基準を定めているのは食品衛生法だが，同法にも放射能に関する基準が設けられていなかった。このため，厚生労働省は2011年に3月17日に暫定基準を定めたが，同基準は食品による内部被曝を年間5mSv以内に収める指標の下に作成されたものであった。当然のごとく，年間被曝許容限度の5倍にあたる数値の設定と，外部被曝・内部被曝を同じ次元で扱っていることに疑義が呈され，2012年4月1日からは，基準が1mSvに引き下げられることになった。「食品の国際規格を作成しているコーデックス委員会の指標も，「1ミリシーベルト」を超えないように設定されていることから，新たな基準値は，国際規格にも準拠したものになります」との解説が政府広報に付されている。

廃棄物の処理を定める「廃棄物の処理及び清掃に関する法律」もまた「放射性物質及びこれによって汚染された物」を廃棄物の範疇から除いてきた（第2条）。放射能に汚染された物は原子力施設外には出回らないことが前提にされていたからである。2012年1月1日に全面施行された放射性物質環境汚染対処特措法等により，今般の事態への対処が法令上可能にはなっているのだろうが，大量に生じた汚染廃棄物が最終的にどうなるのかはまったく不分明なままである。そもそも，仮置き場，中間貯蔵施設の設置・

保管自体が「ロードマップ」どおりに進むのかすら判然としない。

1993年に公布施行された環境基本法は「公害」を次のように定義している。「環境の保全上の支障のうち，事業活動その他の人の活動に伴って生ずる相当範囲にわたる大気の汚染，水質の汚濁……，土壌の汚染，騒音，振動，地盤の沈下……及び悪臭によって，人の健康又は生活環境…に係る被害が生ずること」。同法は第13条において「放射性物質による大気の汚染，水質の汚濁及び土壌の汚染の防止のための措置」についてはこれを原子力基本法等に委ねると定め，その適用外においた。このため，同法の下に制定された個別法はすべて放射能汚染を除外し，「人の健康に係る公害犯罪の処罰の法律」も放射能汚染には適用されることがなかった。だが既に述べたように，他方にあって原子力行政は巨大事故の発生をそもそも想定していない。その結果として，市民を放射能汚染から防護する法制が整えられる契機は生まれ出なかった。

前述社会権規約委員会一般的意見14が明記するように，同規約第12条2項(b)は，放射線のような人間の健康に直接または間接に影響を与える有害な環境条件に住民がさらされることを防止しおよび低減するよう締約国に義務付けるものである。同一般的意見は，こうした認識を基礎づけているのが，「人は，その生活において尊厳と福利を保つことができる環境で，自由，平等および十分な生活水準を享受する基本的権利を有する」と謳うストックホルム宣言第1原則であると注記している。

当該権利は私たちすべてがもつものであるにもかかわらず，国際社会にあって核をめぐる問題はIAEA中心のレジームの下に処理され，人権分野からの働きかけはきわめて弱かった。日本にあっても環境基本法がその典型を示すとおり原子力関連の諸問題は長く，別扱いの対象となってきた。だが別扱いを支える「安全神話」が崩壊した福島の惨状は，人権保障という視点を原子力行政に本格的に組み入れていくべき必要性を浮き彫りにしている。

その際，放射性物質・放射線がかかわる以上，人権規範にあって健康への権利が中心軸をなすべきことはいうまでもないが，上記一般的意見にも示唆されているように，すべての人権は一体であり相互に関連しあうものである。非差別，生命権，非人道的取扱いの禁止，私生活への権利，相当の生活水準への権利といった，人間の生存・生活を支えるすべての人権規範の保障・侵害防止を予防原則をもって確保すべきことが原子力活動との関係ではまずもって求められていることを銘記すべきである。原子力施設の安全にかかわる必要な情報へのアクセスや原子力事故防止・対応計画の策定への住民参加が，それを現実化するために不可欠の要素にほかならないことは先述したとおりである。

5　原子力と国際人権保障

(1)　国際法における核の平和利用・再考

核不拡散条約は第4条1項で，締約国が「平和的目的のための原子力の研究，生産及び利用を発展させることについての奪い得ない権利 inalienable right」を有すると定める。この条約は，1995年5月11日の締約国会議の決定により，無期限に効力を有するものとなっている。もとより，国際法の一体性の観点からすれば，「奪い得ない」権利であるにしても，原子力の利用が国際人権・環境法等の要請に違背するものであってはならないことは当然であるが，しかしそうではあっても，原子力の利用そのものが条約上肯認されていることには違いない。

IAEA も憲章第2条において「原子力の貢献を促進し，及び増大するように努力」するよう義務づけられていることについては既に述べたとおりである。国際原子力レジームの中心的利益が原子力の推進にあることは紛れもない。IAEA は 2007 年 6 月に「日本に対する総合原子力安全規制評価サービス」ミッションを実施しているが，その報告書でも「日本は，原子力安全のための総合的な法令上及び行政上の枠組みを備えている。現行の規制の枠組み最近になって修正されており，発展し続けている」ことが強調される一方で，「重要な事象に関する運転経験は徹底的に調査されており，適切な対策をとるよう原子炉設置者に対して命じられている」ことが「最も重要な良好事例」の 1 つとして紹介されている。福島第一原子力発電所の事故の際にも，IAEA は 2011 年 5 月 24 日から 6 月 2 日にかけて専門家調査団を派遣し，現地調査を行った。基本安全原則等に照らして，津波対策の不十分さ等について詳細な分析結果が示されたものの，いうまでもなく，その基本姿勢は，安全規制を高めることにより原子力の促進を確保するという一線を逸脱することはなかった。

ちなみに，6 月 1 日に公表された同調査の「暫定要旨」には「避難を含め，公衆を保護するための日本政府の長期的な対応は見事であり，非常に良く組織されている」という評価が示されていた。6 月 16 日に発行された最終報告書にも，結論 6 において「日本は，良く組織された緊急時準備対応計画を有しており，それは福島の事故対応で示された」と記されており，結論 7 では「献身的な職員および作業員とよく組織されかつ柔軟性に富んだ組織が，予期せぬ状況で効果的な対応を可能にし，公衆および施設で働く者の健康に対し，より大きな事故の影響を防ぐことを可能にした」という評価が示されている。だが，こうした評価とは裏腹に，実際には，準備対応計画は機能不全に陥り，被災者たちは「混乱を極めた避難の状況」を強いられていた（『国会事故調　報告書』335 頁）。後述するように，施設で働く作業員の健康も著しい危険にさらされている。IAEAの認識には，構造的必然というべきか，人権の考慮そのものは希薄といわざるをえない。

よく知られているように，核の軍事的利用は，不拡散や実験禁止の義務付け，非核地帯の設定，ICJの勧告的意見等を通じて規範的な封じ込めが一貫して図られてきた。その一方にあって，核の平和的利用については，「推進」という立場が関連条約・国際機関を通して鮮明に示されている。同じ「核」でありながら，利用の仕方によってその規範的処遇には決定的な違いがある。むろん福島の事態に現われ出ているように，核の平和利用にも巨大な危険が伴うことはいうまでもない。だが，これまでの国際法の基本的な姿勢は，必要な安全規制を施すことを前提に原子力の推進を図るというものであり，その最前線にIAEAが屹立してきた。

人権の保障を求める国際人権機関も，この点では，IAEAと本質的に変わらぬ認識の下にあったというべきだろう。たとえば，チェルノブイル事故後の社会権規約委員会，子どもの権利委員会および女性差別撤廃委員会の懸念・勧告にしても，東海村JOC臨界事故を受けての社会権規約委員会の懸念・勧告さらには日本政府に対する2012年の事前質問事項にしても，あるいは社会権規約委員会の一般的意見14・15にしても，主要な関心は「規制」に置かれているのであって，核の平和利用，より直截的には，広域放射能汚染をもたらす原子力発電そのものを問題視する視座は見受けられない。自由権規約委員会が生命権にかかる一般的意見において核の平和利用に関心を示さなかったことも先に確認したとおりである。

むろん，現に存する原子力発電所（あるいはその事故）を前に，生命権・私生活・健康権等の観点から高度の規制を求めていくことが国際人権保障システムの実務的対応として当然の所為であることはいうまでもない。既に示唆したようにこうした対応すらけっして十分ではなかったように見受けられるが，これにさらに言葉を継ぐのなら，原子力発電には，規制水準の厳格化もさりながら，次に示すように，構造それ自体の中に人権の理念にそぐわぬ相が少なからず見て取れることも指摘しておかなくてはならない。

(2) 「犠牲のシステム」と「開発」

哲学者の高橋哲哉は原子力発電を「犠牲のシステム」と評し，それを次のように定式化する。「或る者（たち）の利益が，他のもの（たち）の生活（生命，健康，日常，財産，尊厳，希望等々）を犠牲にして生み出され，維持される。犠牲にする者の利益は，犠牲にされるものの犠牲なしには生み出されないし，維持されない。この犠牲は，通常，隠されているか，共同体（国家，国民，社会，企業等々）にとっての『尊い犠牲』として美化され，正当化されている」（『犠牲のシステム　福島・沖縄』（集英社，2012年）42頁）。高橋は，このシステムの下で生み出される犠牲を分類し，それらの起点を原発立地，原発作業，ウラン採掘，放射性廃棄物の4つに見出している。

原子力発電所はけっして都市部には建設されない。現に「原子炉立地審査指針及びその適用に関する判断のめやすについて」（1964年原子力委員会決定）も，重大事故が想定されるからこそ人口密集地帯から離れて原発が立地されることを明らかにしている。原発事故が発生した場合に周辺住民に重大な被害が降りかかることはいうまでもないが，同様に，事態を収束させるために原発作業員が引き受ける危険もきわめて深刻なものになる。福島の事態にあっては，「労働安全衛生法に基づく電離放射線障害防止規則」が改正され（2011年3月15日），急性障害が発症しない上限値とされる250mSvまでの被曝が許容されることになった。「平時」にあっても（とりわけ定期点検時），原子力発電所は作業員に高度の危険を強いることなく稼動しえない構造になっており，しかも日本では下請け労働者への危険の移譲が常態化している。「原発における労働で被曝は避けられず，癌や白血病などの罹病率は浴びる放射線量の増加にほぼ比例して上昇する。……構造的に不可避である被曝のために，癌や白血病などの発症を必然とする産業は原発をおいては存在しない。……しかもほぼ全ての犠牲を立場の弱い［下請け］労働者に押しつけながら原発は運転されて」（萬井隆令「原発被曝労働の何が問題か――それでも原子力発電を続けるのか」『世界』第827号（2012年2月）100頁）いる。

放射性廃棄物すなわち核のゴミの処分に関しては，特に高レベル廃棄物について日本ではガラスに固めて地下300 m以上の地層に埋める地層処分がなされることになっていたものの，処分地の選定が難航し，日本学術会議からもその抜本的な見直しが提言されるにいたっている。仮に地層処分をなしうるにしても，紛れもなくそれは，処分地住民と未来への巨大な危険の移譲にほかならない。ウラン採掘に伴う労働者・周辺住民の不可避的な被曝も想起するに，原子力発電とは重層的な犠牲（危険の移譲）を強いることによって初めて成立するシステムであるということを改めて実感する。その構造は，人間の尊厳と平等を基幹に据えた人権の理念に背馳する相貌を呈しているといわなくてはなるまい。

他の災害には見られぬ被曝という特異な危険性を有し，人権の理念に違背する構造を有するものでありながら，しかし，国際人権法言説は原子力発電の生み出す事態に微温的な懸念を示すにとどまってきたきらいがある。原子力の利用自体が国際法上適法とされていることに加えて，高度の専門性と安全保障の機微にかかわる原子力の問題はIAEA等の機関にその扱いを委ねるべきという意識がその誘因になってきたことは否めまいが，同時に，原子力が発電に結び付き，電力こそが経済成長（開発）の支柱とされてきた事情もまた，核の平和利用への根源的批判を抑制する大きな要因になってきたのではないか。

吉見俊哉『夢の原子力―Atoms for Dream』（筑摩書房，2012年）では，ヒロシマ・ナガサキ・第5福竜丸事件を経験した日本において原子力を受容する言説がいかに構築されたのかが克明に分析されているが，「経済発展と豊かな生活は原子力によってもたらされる」という命題は，日本のみならず経済成長を図る諸国にとって同様の訴求力をもつものに違いあるまい。ちなみに，核拡散条約2015年再検討会議に向けた準備委員会が2012年4月30日から5月11日にかけてウィーンで開催されたが，同委員会に出席した川崎哲は「福島の大惨事にもかかわらず，原子力平和利用に関する国際的議論に［は］変化の兆しが見えない」という。「多くの途上国にとって原子力は経済発展のための重要なオプションである。西側先進国が核の技術を独占し，後進開発国に技術上の制約を課そうというのは許し難い，というわけだ」（「核廃絶と脱原発をどうつなぐか」『世界』第833号（2012年8月）109，110頁）。

国際法は，人権法も含めて，開発（発展）と「キャッチ・アップ」の思想を基に推進されてきた。伝統的な制度を近代の制度に置換するのが開発であり，開発は「南」が経済的に「北」に追いつくことを意味する。そして，その過程を正統化する政治的機能が国際法に託されてきた。人権の水準も，自由権であれ社会権であれ，基本的には西洋の「先進的」制度を採用し拡充することによって向上するとの了解が共有されてきたといってよい。こうした認識枠組みにあっては，開発そのものへの批判的な視座は容易に涵養されず，なにより経済成長に随伴する暴力を人権侵害として構成する言説の構築もことのほか困難であった。開発は一方にあっては国際人権法の死角であり，他方では国際人権法を支えるイデオロギーそのものでもあった。高度な危険性を有し，大規模な人権問題を引き起こす原子力発電への微温的な態度には，開発あるいは経済成長に向けられた国際人権法の温容が象徴的に透写されてもいるのだろう。

イヴァン・イリイチがいうように，制度化・開発は，官僚化された「専門家的権力」によって推進されてきている。原子力発電はその典型というべきものであり，増幅されるその専門家的権力システムの中に人間の生存がまるごと絡め取られつつある。この事象と対極に位置するものとして，イリイチは「人々が日常の必要を満足させるような自立的で非市場的な行為」を意味するヴァナキュラー vernacular な価値の重要性を説く（『シャドウ・ワーク―生活のあり方を問う』（岩波書店，2006年）129頁）。土地土地に根差した人間の生活は千差万別ということの謂いでもある。

世界各地に棲まう無数の人々・民衆が体現するそうしたヴァナキュラーな価値への想像力を巡らすことは，専門家的権力の帰結というべき3・11を経験した今日にあって，ますます有意性を増しているのではないか。必要な情報といっそう高い水準の「安全規制」を確保することは当然として，人権に対するこれほどの脅威とリスクを抱えた「核の平和利用」（原子力発電）の存在そのものにどのように向き合うかを根源的な次元で考究することも，いまやグローバルな人権保障に取り組むうえで避けて通れぬ営みになっているというべきである。

*　*　*　*

（付記）

有害廃棄物に関する国連人権理事会特別報告者は，2011年5月にポーランドの現地調査を行った後，同国で進行中の原子力発電所建設計画に関して次のような見解を表明した。「原子力の推進者は石炭…から原子力への移行がポーランドによる二酸化炭素排出を削減することに貢献すると主張する。その一方で反対論者は，福島の原発事故に見られるように，原子力が人間の健康と環境に及ぼす脅威を強調する。この点に関するいずれの決定も，国内での広範な協議をもとになされることが決定的に重要である。原子力発電所の建設に関する意思決定過程への公衆の意味ある参加を確保するために，公の当局は公衆に適切な情報を提供すべきである。その情報には…原子力エネルギーの使用に伴って生じ得るリスク，および，原子力発電によって生み出される核廃棄物の安全な貯蔵と環境上適正な処分についての情報も含まれるべきである」。

原子力発電所の建設に対して，警戒心を示しつつ十全な手続的保障が求められており，現行国際人権法のこれまでの展開に適合した見解ではある。2012 年 11 月に実施された健康への権利特別報告者の日本への現地調査は，原子力災害そのものを人権の観点から検討するものであり，国際人権法における原子力の位置づけについてさらに認識を深めていく好個の機会である。

＊本稿は，2012 年 5 月の世界法学会 2012 年度研究大会における報告を基にしている。

【参考文献】（本文で言及したもの以外）

植木俊哉「東日本大震災と福島原発事故をめぐる国際法上の問題点」『ジュリスト』第 1427 号（2011 年）

今中哲二・原子力資料情報室編著『「チェルノブイリ」を見つめなおす』（原子力資料情報室，2011 年）

沢田昭二「放射線被曝と平和」日本平和学会編『平和を再定義する［平和研究第 39 号］』（早稲田大学出版部，2012 年）

道垣内正人「国境を越える原子力損害についての国際私法上の問題」『早稲田法学』第 87 巻 3 号（2012 年）

外岡秀俊『3・11 複合被災』（岩波書店，2012 年）

『国内強制移動に関する指導原則　日本語版』（GPID 日本語版作成委員会，2010 年 10 月）

墓田桂「「国内強制移動に関する指導原則」の意義と東日本大震災への適用可能性」『法律時報』第83巻7号（2011年）
河崎健一郎ほか『避難する権利，それぞれの選択―被曝の時代を生きる』（岩波書店，2012年）
日置雅春『拡大する放射能汚染と法規制－穴だらけの制度の現状』（早稲田大学出版部，2011年）48頁
藤田裕幸『知られざる原発被曝労働―ある青年の死を追って―』（岩波書店，1996年）

3 緊急事態と環境保全

磯崎博司

緊急事態としては事故や災害が考えられ，それらには，人為による場合と自然に起因する場合とがある。発生原因が異なるため，防止責任や損害責任を検討するには，両者の区別は重要である。ただし，両者が相乗的に作用することも多いため，その連続性に注意する必要もある。実際，人為による事故が自然災害を生じさせたり，自然災害が人為的な事故を引き起こすことも多い。また，どちらの場合も，環境汚染や環境破壊などの新たな環境上の緊急事態を誘発させることが多い。

そのような緊急事態に対しては，まず，影響の生じる区域・空間に対する汚染や攪乱を防止するための制度がある。次に，影響を生じさせる原因となる物や行為を規制管理するための制度がある。緊急事態としては同一であるが，制度的には，異なる観点からそれぞれの規制管理が行われている[1]。

1　影響の生じる区域・空間への対応

影響の生じる区域・空間については，比較的制度が充実している海洋とそれ以外の区域とに分けて，以下で触れることとする。

(1)　海洋における緊急事態

海洋における緊急事態の中心はタンカーによる座礁事故であり，それは海洋汚染を生じさせる。タンカー事故に伴う海洋汚染の防止のため，船体構造の強化や事故処理体制など，様々な対応がとられている。しかし，最も効果的な措置は，安全航行の確保であるとされる。

①　事前対策

第一に，海難事故の防止に関しては，海上人命安全条約および議定書，海上衝突予防条約，満載喫水線条約，また，船員・監視体制条約などがある。これらによって，船舶そのものの構造および設備の基準（船体の安全強化，救助器具，通信機器，消火設備，レーダー装備の義務づけなど），航行・操舵基準のための統一規則（燈火・信号規則，航行分離方式など），貨物の過積載の禁止，また，配乗基準（船員の資格・訓練，監視体制など）が定められている。

これらの条約の実施には，安全航行を支援する陸上施設の充実が欠かせない。これらの事故防止システムが緊急事態によって機能しなくなることに伴い海難事故が誘発されないように対応準備すること，また，避難や救援時の混乱に対応できるような準備をすることが必要である。

第二に，廃棄物などの海洋への投棄は，ロンドン条約およびその96年議定書によって規制されている。ロンドン条約は，その付属書において，投棄が禁止される有害物質を掲載している（禁止リスト方式）。これに対して，96年議定書においては，原則として投棄はすべて禁止されており，個別の許可に基づいて投棄が認められる廃棄物が掲載されている（許可リスト方式）。この許可リストには，浚渫物，下水汚泥，魚類残滓，船舶や人工海洋構築物，不活性な無機性の地質学的物質，自然の有機物，および，海洋投棄以外の処分が困難な地域（小島など）で発生する鉄やコンクリートなどが掲載されている。廃棄物の洋上焼却，また，海洋投棄または洋上焼却を目的として廃棄物を輸出することも禁止されている。他方，内水についても，議定書の規定の適用または他の効果的な規制措置の採用のいずれかを選択するよう義務づけている。

第三に，緊急対応のための準備体制と必要な措置のための国際協力を定める油濁事故対策協力（OPRC）条約は，調査研究，シンポジウムの開催，人員訓練，装備の充実，組織管理などを通じて準備体制を確立すること，準備対応のための計画を策定すること，また，その際の国際協力を定めている。この条約は，二国間または地域間の協力体制も奨励している。

他方で，地中海，ペルシャ湾，西アフリカ，南東太平洋，紅海・アデン湾，広域カリブ海，東アフリカ，南太平洋および黒海には，地域海洋条約があり，それぞれ，汚染事故などの緊急事態に対応するための対応協力を定めている議定書が備えられている。

このような制度は，緊急事態に対する事前の準備対応および事後の対応行動に関する制度と呼ばれており，事前および事後の対策を統合的に定めるものとして重視されている。

② 事後対策

海洋汚染事故が発生した際の緊急対応措置については，公海措置条約において，公海上の外国籍の船舶に対して危害の防止のために必要な緊急措置をとることが認められている。また，OPRC条約は，油濁事故の際に報告・通報を義務づけており，それに基づいて実態調査が行われる。重大な事故の場合は，要請に基づき，汚染の拡大防止と危害の軽減・除去のための協力援助が行われる。必要な資金の立て替え助成も定められている。なお，上述の地域海洋条約の下の議定書も，事後対策について定めている。

福島第1原発事故に際しては，緊急対応行動として，海洋への排出が行われた。そのような行為については，越境損害防止の観点から，海洋法条約において緊急時通報義務が定められている。

なお，東日本大震災の後で，腐敗した大量の魚介類が海洋投棄されたが，そのような行為については，ロンドン条約は5条，96年議定書は8条において，それぞれ，海洋投棄禁止の適用除外を定めており，不可抗力やその他の緊急時に，廃棄物などの海洋投棄を認めている。その場合は，IMOへの通報，影響を受ける可能性のある締約国との協議を要し，また，IMOの勧告に従わなければならない。関係国には相互援助も義務づけられている。

(2) 海洋以外における緊急事態

海洋以外の区域・空間のうち，水圏に関しては，国際河川や国際湖沼に関連する条約がある。ライン川保護条約（1999年）は，締約国に対して自国内における国際測定計画およびライン川生態系調査，国際委員会が採択する決定の実施，事故の際の通報などを義務づけている。

大気圏については，ECE 長距離越境大気汚染条約または環境影響評価に関する条約などが，大気汚染物質の排出削減について定めているが，緊急時の対応については触れられていない。他方，宇宙条約は緊急事態の際の通報と救援について定めている。

特定の区域・空間のうち，南極については，南極条約の下の環境保護議定書の緊急事態附属書が定めている。そこでは，環境上の緊急事態とは，南極の環境に重大で有害な影響を生じさせるかまたはその切迫した恐れのある偶発的出来事であり，具体的には，船舶の座礁に伴う燃料油の流出が想定されている。対象とされる活動は，南極条約地域で行われる科学調査活動，観光旅行，その他のすべての政府・非政府活動であって，南極条約の第7条5項の下で事前通告が必要とされているものである。それらの活動の事業者は，事前対策として，緊急事態に対する防止措置をとり，対応計画を策定しなければならない。また，事後対策として，必要な対応行動をとらなければならず，生じた損害について厳格責任を負う。迅速かつ効果的な対応行動が事業者によってとられない場合は，当該締約国またはその他の締約国は，必要な対応行動をとるよう求められている。その場合の求償手続きと国際基金の設置，また，その行動に伴う環境損害の免責も定められている。

そのほかの区域・空間についても，世界遺産条約やラムサール条約を始めとして自然環境に関する条約が一般的に定めているが，緊急時の対応については明確には触れられていない。

2 影響を生じさせる原因物質への対応

次に，影響を生じさせる原因に着目して，放射性物質，有毒・有害な物質（アスベスト，化学物質，医薬品，病原体，生物毒素），外来生物，改変生物，危険なエネルギーを内包している地形や建造物などへの対応を定めている制度を取り上げる。なお，重要なことは，これらの原因物質が緊急事態を生じさせることに加えて，別の緊急事態によってこれらの物質が放出されて新たな緊急事態を生じさせることである。

(1) 放射性物質による緊急事態

1979 年にスリーマイル島原子力発電所事故，1986 年にチェルノブイリ原子力発電所事故，2011 年には福島第 1 原子力発電所事故が起き，放射性緊急事態が生じた。

① 事前対策

原子力関連事業の安全確保，または，緊急事態の発生防止のための対策については，原子力関連条約および IAEA（国際原子力機関）の下において安全操業，貿易，放射性物質に関する基準やガイドラインが定められてきている。

チェルノブイリ事故を契機として，1994 年に原子力安全条約が採択された。この条約は，民生用の原子力発電所のみを対象としている。統一的な基準や罰則は定められておらず，教育・訓練の充実，緊急対応計画の策定，そのための国際協力が求められている。既存施設の安全性の検討，建設前・試運転前・供用期間中の安全評価，放射線影響のおそれのある自国住民と原発近隣国当局への情報提供，立地に際して安全および環境に関する評価，再評価，潜在的被影響近隣国との協議・情報提供などが定められている。なお，安全性が向上させられないときは，早期に閉鎖することとされている。

次に，1997 年には，使用済み燃料・放射性廃棄物安全管理条約が採択された。この条約は，民生用の施設から生じる使用済み燃料および放射性廃棄物の安全管理について包括的に定めている。まず，使用済み燃料については，既存施設の場合には安全性向上のための検討を行い，そのための適切な措置をとることが義務づけられている。また，新規の施設の場合には，立地選定，施設設計，建設，操業および処分の各段階においてとるべき措置がそれぞれ定められており，安全評価および環境評価の実施も義務づけられている。次に，放射性廃棄物についても同様の規定が定められているが，特に，将来世代に不当な負担を負わせないための配慮が求められている。また，既存の施設の安全性を改善することだけでなく，すでにとられた行動についても，それらに関連して何らかの介入が必要か否かの判断に際しては社会的費用を含めて正当なコスト評価を行うことが求められている。さらに，放射性廃棄物の処分施設を閉鎖した後の記録管理および現場管理のための措置も定められている。

他方で，国内実施の確保のために，使用済み燃料および放射性廃棄物の安全管理のための国内法令および行政組織の整備が義務づけられており，具体的には，国内法令上の枠組みとその下で定めるべき事項，規制に関わる行政機関の設置・指定およびその権限，また，情報公開も定められている。そのほか，緊急事態のための計画の準備と訓練，原子力施設の廃止の際の安全確保措置，および，国境を越える移動の際の原則と手続きについても定められている。

なお，IAEA の下には，安全原則，安全要件，安全ガイドの3段階の階層構造から成る安全基準が作成されている。福島原発事故を受けて，原子力安全に関する行動計画が2011年9月に承認され，それに基づいて安全基準の強化のための改定作業が進められている。

福島原発事故は，東日本大震災と津波という緊急事態によって誘発された二次的緊急事態である。このような誘発緊急事態の防止のためには，国際標準に沿った事前対策が確保されるべきであり，特に，立地や設計に関する安全基準の強化が必要である[2]。

② 事後対策

放射性緊急事態が発生したあとの対策については，原子力事故早期通報条約と原子力事故援助条約が定めている。早期通報条約は，軍事部門も含めて原子力関連施設や活動を広く対象としている。領域外にある船舶などに登載されている原子炉も対象となる。それらに係わり国境を越えて影響を及ぼす大規模な事故について，当該国は，事故の発生の時刻，場所，放出された放射性物質の種類，また，その状況判断に必要とされるその他の基本的なデータを影響を受けるおそれのある国とIAEAへ通報しなければならない。さらに，追加情報の提供または協議の要請に対して速やかに応じることも義務づけられている。

福島第1原発事故に際しては，緊急対応行動として，放射性汚染を引き起こす排気および海洋への排出が行われた。そのような行為については，原子力関連条約や海洋法条約において，越境損害防止の観点から緊急時通報義務が定められている。

一方，援助条約は，原子力事故または放射性緊急事態が発生した場合に，その影響を最小限にし，放射性被害から人命および環境を守るための緊急援助活動について定めている。これらの事故や緊急事態に際して，締約国は，他の締約国またはIAEAに専門家や資材などの援助を求めることができる。なお，事故発生国の賠償責任には触れておらず，援助経費は原則として要請国の負担とされている。

(2) 有害物質による緊急事態

放射線以外の有害物質に関わる緊急事態も多い。第1に，さまざまな有害物質が大気中，水中，土壌中へ拡散する。第2に，それらの除去，回収および処分の際に，また，第3に，被害地域の復興事業の過程で，有害物質の拡散やそれへのばく露などが生じる。実際，阪神淡路大震災，また，東日本大震災と津波によって，アスベストを始めとして多くの有害物質が逸出し，これら3段階の問題が生じた。

① アスベスト（石綿）

ILO（国際労働機関）の下のアスベストの使用規制に関する条約（162号）（1986年）は，職業上のアスベストばく露による健康被害の防止と抑制を通じて労働者と周辺環境を保護することを目的としており，必要な国内法令の制定と定期的な見直し，十分な監督制度による実施を義務づけている。

具体的には，国内法規制の内容には，青石綿およびその含有製品の使用禁止，アスベストの吹き付け禁止，ばく露限界またはほかのばく露基準の設定と見直し，また，可能な場合にはアスベストまたはアスベスト含有製品の無害または有害性の低い他の物質や製品などへの転換，作業場外での作業衣の着用およびその持ち帰りの禁止，作業衣の取り扱いおよび洗浄に関する規則の制定などが含まれる。さらに，もろいアスベスト絶縁材を含有する装置や構造物の解体，および，アスベストが浮遊する可能性のある建造物からのアスベストの除去は，権限ある当局が認定した資格のある使用者または請負業者だけに限定しなければならない。事業者は，作業環境における浮遊アスベスト粉塵の濃度測定，労働者のアスベストばく露の監視，作業衣の取り扱いおよび洗浄の管理，関係労働者に対する情報提供および継続的な教育訓練の確保に関する義務を負うとともに，周辺住民の健康や一般環境に危害を及ぼさないようにすべきことも定められている。

阪神淡路大震災および東日本大震災においては，建物や構造物の倒壊により，また，それらの解体・撤去工事に伴い，アスベストの大量飛散が確認されている。阪神淡路大震災の復興に携わった作業員4人が中皮腫を発症して労災認定を受けた(3)。東日本大震災についても，大気汚染防止法の基準を大幅に超える飛散量が観測されている。したがって，震災などの緊急事態によってアスベストの飛散が生じる事態を想定して，アスベスト規制条約に則して，準備体制および緊急対応態勢を整備しておかなければならない。特に，復興作業においてアスベスト規制条約および国内法令が遵守されるよう，大気汚染防止法やアスベスト取り扱いマニュアルの改正を早急に進めるべきである(4)。

② 職業病の原因物質

ILOの職業安全健康条約（1981年），職業衛生機関条約（1985年）および業務災害給付条約（1964年）の加盟国には，職業病の予防，記録，届出および補償のために職業病の一覧表を定めること，および，その一覧表を，定期的に改訂されるILO一覧表に合わせること，自国の一覧表が改訂された場合には直ちにILO事務局に通知することが求められている。

そのILO一覧表には以下のような原因物質や因子が掲げられている。それらは，アスベスト，塩化ビニル，カドミウム，リン，クロム，マンガン，タール，すす，ヒ素，水銀，鉛，銅，すず，亜鉛，ニッケル，フッ素，二硫化炭素，脂肪族・芳香族の炭化水素，ベンゼン，アルコール，窒息性物質，窒素酸化物，無機酸，薬剤，瀝青，鉱物油，酸化エチレン，タリウム，オゾン，ホスゲンなどの化学的因子，次に，騒音，振動，高圧空気，電離放射線，熱放射，紫外線，極端な温度などの物理的因子，さらに，B型肝炎ウイルス（HBV），C型肝炎ウイルス（HCV），病原体または寄生虫などの生物学的因子，また，粉じんや刺激性物質などである。それらの詳細は本章末の資料に掲載されている。

③ 有害廃棄物

バーゼル条約は，再利用されるものも含み有害廃棄物の国際移動を規制し，発生国および輸出国に第一次的な責任と義務を負わせている。その対象は，廃棄物であって，有害な特性を有するもの（附属書1の排出経路および有害物質であって附属書3の有害特性を有するもの，附属書2に掲げる家庭ごみ，および，締約国の国内法令により有害とされている廃棄物）である。附属書3に示されている有害特性とは，爆発性，可燃性，酸化性，毒性，揮発性，感染性，腐食性，生態毒性などである。たとえば，鉛蓄電池，廃駆除剤，めっき汚泥，廃アスベスト，シュレッダーダストなどが考えられる。規制対象とされているそれらの物質の詳細は本章末の資料に掲載されている。

④ 産業用化学物質

現代において，化学物質は，様々な分野の産業によって用いられており，各分野の条約において，規制管理措置が定められている。

第一に，農業用化学物質について，ロッテルダム条約（国際貿易の対象となる特定の有害な化学物質および駆除剤についての事前の情報に基づく同意の手続に関する条約）（1998年）は，PIC（十分な情報提供に基づく事前同意）制度を定めている。この制度の下で，2カ国以上で禁止または厳格制限されている化学物質は，輸入国の事前の同意がない限り，輸出が禁止される。締約国は，条約に従って，商業輸出および輸出業者を規制管理するための取締体制を整備しなければならない。対象とされる化学物質としては，アルドリン，クロルデン，DDT，水銀化合物，パラチオン，PCBなどが定められている。規制対象とされているそれらの物質の詳細は本章末の資料に掲載されている。

第二に，POPs（残留性有機汚染物質）については，ストックホルム条約（2001年）が対応しており，規制の対象とされているPOPsは，「殺虫剤（農薬）」としてアルドリン，クロルデン，DDTなど，「工業化学物質」としてヘキサクロロベンゼン（HCB）およびPCB（ポリ塩化ビフェニル），「意図せざる副産物」としてダイオキシンおよびフランなどである。副産物を除くこれらのPOPsは，生産および消費ともに最終的に全廃し，例外については定期的に見直すこととされている。規制対象とされているそれらの物質の詳細は本章末の資料に掲載されている。

第三に，産業事故についても，産業事故の越境影響に関する条約（1992年）は，有害な物質を扱っている施設または輸送における緊急事態の防止を目的にしている。その原因となる有害な物質としては，可燃性，有毒性，爆発性などの性質分類とともに，アンモニア，塩素，シアン化水素，フッ化水素，硫化水素，硫黄酸化物，ホスゲンなどがあげられている。有害な物質を扱う活動については，付属書Ⅲ～Ⅷに従って，関係国と事前協議を行い，防止措置や緊急対策を定め，環境影響評価および適切な立地決定を行い，情報提供を行わなければならない。その際，動植物相，自然環境，文化遺産などについても，悪影響を与えないことが求められている。また，情報提供や関連手続に公衆参加を保証すること，特に，国外の潜在被害地域の公衆に有害活動国の公衆と同じ機会を保証することが義務づけられている。他方，産業事故が発生した場合には，付属書のⅨおよびⅩに従って通告，緊急対策および相互援助協力を行うよう定められている。

⑤　**兵器用有毒物質**

兵器用化学物質について，化学兵器禁止条約（1993年）は，化学兵器およびその製造施設について申告することと，それらを破壊することを義務づけている。禁止または規制の対象とされる化学物質は附属書に掲載されている。その附属書は，表1，表2および表3から構成されている。表1には，サリン，ソマン，タブン，VX，マスタードガスなど，禁止対象の化学物質および前駆物質（それ自体には兵器としての毒性はないもの）が掲載されている。ところで，兵器として使用される化学物質の中には，農薬などとしても用いられているものもある。そのため，兵器以外の目的での利用は認められるが査察対象となる化学物質および前駆物質として，表2にはアミトン，BZ、PFIB など，表3にはホスゲンなどが掲載されている。このように，化学兵器としての毒性を有している化学物質に加えて，それらの化学物質を合成するために必要となる前駆物質についても規制対象にしている点に特徴がある。規制対象とされているそれらの物質の詳細は本章末の資料に掲載されている。

次に，生物兵器禁止条約は，微生物剤，その他の生物剤または毒素であって，敵対目的のためにまたは武力紛争において使用するために設計された兵器，装置または運搬手段に積載するもの，ならびに，原料または製法のいかんを問わず，防疫の目的，身体防護の目的またはその他の平和目的のためであることが正当化できない種類および量のものを，廃棄するかまたは平和目的に転用することを義務づけている。その実施にあたっては，住民および環境の保護に必要なすべての安全上の予防措置がとられなければならない。したがって，禁止対象とされない平和目的のために利用されるこれら製剤や毒素について，その所在，貯蔵量，受入量，使用量などの確認措置がとられなければならない。

⑥ 大気汚染物質

大気汚染物質については，ECE 長距離越境大気汚染条約によって排出削減が定められている。対象とされているのは，硫黄酸化物，窒素酸化物，地上レベルオゾン，一酸化炭素，メタン，揮発性有機化合物，アンモニア，微小浮遊粒子（PM2.5）である。また，同条約の POPs 議定書の付属書 I には，アルドリン，クロルデン，クロルデコン，ジエルドリン，エンドリン，ヘキサブロモビフェニール，マイレクス，トキサフェン，ヘプタクロル，ヘキサクロロベンゼン，DDT，PCB の 12 種類が含まれている。付属書 II には，DDT，PCB，HCH の 3 種類，付属書 III には，PAHs，ダイオキシン，フランおよびヘキサクロロベンゼンが掲載されている。同様に，重金属議定書には，カドミウム，鉛および水銀が掲載されている。

⑦ 外来生物または改変生物

生物多様性条約の第 8 条(h)は，締約国に対して，生態系，生息地もしくは種を脅かす外来生物の移入を防止し，または，そのような外来生物を制御もしくは撲滅することを求めている。それに応えて，2002 年に外来種ガイドラインが採択された。ボン条約，国連海洋法条約，南極条約環境保護議定書の付属書 II，南極海洋生物資源保存条約，バラスト水条約，各地域の環境関連条約や地域海洋条約，渡り鳥条約なども外来生物について定めている。

カルタヘナ議定書は，改変生物（現代の遺伝子工学技術によって新たな遺伝的形質を有するようになった生物）の国境を越える移動，輸送，取扱いおよび利用（開放環境での利用または封じ込め利用）について，事前の評価および同意手続きを定めている。

以上の外来生物または改変生物については，緊急事態に伴う逸出を想定して事前の許認可を行うこと，緊急事態が発生した場合には逸出や拡散を防止すること，また，逸出が生じた場合に迅速な対策をとることが求められている。

⑧ 危険なエネルギーを内包している建造物

危険なエネルギーを内包している地形や建造物などが緊急事態を引き起こすことがある。たとえば，崖崩れ，地滑りまたは液状化をもたらすような地形であったり，落下，落盤，決壊，貯蔵物の放出などを生じさせるような地上または地下に設置されている建造物（橋，トンネル，ダム，貯蔵タンクなど）である。これらについて直接規制する一般条約はないが，それらからの悪影響が国境を越える場合は，その防止のために事前の評価や協議手続きが多くの条約に定められている。それらの条約などによって，危険なエネルギーを内包している建造物などについても，統合的管理，環境影響評価，情報公開，参加，事前協議，緊急事態発生時の警報発信などが必要とされている。なお，軍事利用の観点からはジュネーブ条約追加議定書（Ⅰ 56条，Ⅱ 15条）が触れており，環境兵器禁止条約も関連規定を置いている。

東日本大震災においては，福島県須賀川市の藤沼ダムが決壊し，貯水の流出により下流で8人の死者・行方不明者を生じさせた(5)。それに限らず，そのような地形や建造物の崩壊などはこれまでの自然災害によって数多く引き起こされており，多大な損害を生じさせている。また，そのような建造物の老朽化は，二次災害を誘発する危険性を高めてしまう。

3 損害責任制度

損害責任に関しては，特定分野に限らず環境汚染に伴う損害について一般的に定めている条約と特定分野を対象とする条約とがある。

(1) 損害責任一般に関する条約

損害責任一般に関する条約は，ヨーロッパの地域条約に限られる。

まず，ルガノ条約（環境上危険な活動による損害に関する民事責任条約）においては，危険な活動の事業者は自己の活動による損害に対して賠償責任を負い，連続的または多発的な事故の場合は，すべての事業者は原則として連帯責任を負う。廃棄物の最終処分業者には，より強い責任が課されている。事業者は，不可抗力，第三者行為，公的機関による強制などを証明できれば免責される。損害には環境に対する損傷も含まれること，すべての人に情報公開および情報請求権があることが定められている。各締約国には，補償のための財源保証を制度化することや修復措置を義務づけることも求められている。

次に，環境刑法条約（刑法による環境保護のための条約）は，故意または過失により，人に対する死もしくは傷害，または，環境質もしくは保護対象の記念物・財産・動植物などに対する重大な損害を生じさせるような活動を国内刑法により犯罪と定めることを義務づけている。環境犯罪に対しては，その重大性および関連する条約規定を考慮して，刑事処罰のための措置をとること，それには当該環境の原状回復を含み，本人の負担とする原状回復の代執行についても定めること，また，当該犯罪に関わる手段および収益を没収すること，法人も処罰することなどが求められている。その他，環境保護を目的とする団体・集団に対する刑事訴訟手続きへの参加資格の付与，刑事捜査および訴追における相互協力なども定められている。

(2) 原子力損害に関する条約

原子力損害責任については，パリ条約（1960年），パリ条約補足ブラッセル条約（1963年），パリ条約追加議定書（1964年）およびパリ条約修正議定書（1982年）がある。ブラッセル条約は，国家を関与させることによって補償額を増大させた。他方で，ウィーン条約（1963年），ウィーン条約の改正議定書（1997年）と，補償範囲の拡大のため原子力損害補完基金条約（1997年）がある。パリ条約はOECDによって作成され，加盟しているのはヨーロッパの諸国だけである。一方，ウィーン条約はIAEAによって作成されたが加盟しているのは開発途上諸国だけである。どちらも10数カ国しか加盟しておらず，重複している国はないが，両者には類似点が多い。輸送途中の事故も含めて包括的に，また，国籍，住所または居所に関わらず適用される。事故の場合の賠償責任は無過失責任とされ，原子力事業者に集中される。その責任は金額面および時間面で制限されるが，強制保険により支払を準備しておかなければならない。なお1988年に採択された共同議定書によって，両条約の連携が図られた。他方，上記のウィーン条約の改正議定書は，原子力損害には環境に対する損害が含まれることを明記している。

原子力船運航者責任条約（1962年）も同様の責任原則を定めている。

⑶ 海洋汚染損害に関する条約

油濁民事責任条約（1969年）は，タンカー所有者に対して油濁事故に関する無過失責任を定め，責任限度額を設定している。他方，油濁補償基金条約（1971年）は，十分な損害賠償が実行されない場合に備えて基金を設置しており，一定の限度内で損害を補償する。

油以外の有害・有毒物質（HNS）による汚染については，1996年のHNS条約が防止措置を定めている。それは油濁損害制度を手本にしており，同一の条文もある。また，2001年の燃料油損害責任条約は，流出や排出の場所に関わらず，船舶から流出または排出された燃料油によって引き起こされた汚染により当該船舶外で生じた損失または損害を対象とする。それに加えて，汚染除去費用および当該除去活動によって生じた損害も含まれる。その責任内容は，油濁民事責任条約のものと類似している。

(4)　産業起因損害に関する条約

バーゼル条約の下の有害廃棄物の国際移動および処分に伴う損害に対する責任および補償に関する議定書は，有害廃棄物の処分が完了する時点まで適用される。通告者（条約第6条），処分者，輸出者または輸入者には厳格責任が適用され，保険，保証金またはその他の財政保証措置を用意しておくことが義務づけられている。

国際河川・湖沼における産業事故については，越境水路および国際湖沼の保護および利用に関する条約と産業事故の越境影響に関する条約との間で，越境水損害責任議定書（越境水に対する産業事故の越境影響により引き起こされる損害の民事責任および補償に関する議定書）が2003年に採択された。その下では，越境水に対する産業事故の越境影響を受ける個人，たとえば，水産業関係者や上下水道事業関係者などに，十分かつ迅速な補償に対する法的請求権が認められている。他方で，各企業は，産業施設や輸送パイプラインなどにおいて生じる事故に対して賠償責任を負うと定められている。その賠償の対象としては，物的損害や財産損害だけでなく，収入減少，汚染対処および回復のための費用まで含まれている。各企業は，補償確保のために，保険のような財政措置をとらなければならない。また，被害者の無差別取り扱いが定められており，越境損害を受けた被害者を当該事故が生じた国における被害者よりも不利に取り扱うことは禁止されている。

カルタヘナ議定書の下の責任と救済に関する名古屋クアラルンプール補足議定書（2010年）は，生物多様性の保全と持続可能な利用に対する重大な悪影響を及ぼす損害を対象とする。具体的には，輸入国において補足議定書が発効した後に国際移転される改変生物の，食料・飼料・加工向けの利用，封じ込め利用および開放環境での利用に起因し，その領域内で発生したものである。責任を負う事業者は改変生物の管理者であり，許可保有者，市場投入者，開発者，生産者，通告者，輸出者，輸入者，運送者，供給者などが例示されている。とるべき対応措置としては，損害の防止・最小化・拡大防止・軽減などが示されており，特に生物多様性の復元には，原状回復または最も類似した状態の復元が原則とされ，それが不可能な場合には，同一または他の場所での代替回復措置が必要とされる。各締約国の権限ある当局は，責任を負う事業者およびとるべき対応措置を特定する。早急な対応措置が不可欠な場合で事業者が適切な措置をとらないときは，権限ある当局は，代執行し，当該事業者に費用を請求できる。

4 緊急事態に関する国際標準手続き

以上の国際条約において定められている基準や手続きなどに基づくと，緊急事態に関する以下のような国際標準としての重要項目を示すことができる。

(1) 事前対策

これまでに発生した多くの緊急事態において，どのように事後対策が尽くされても，被害救済も，危害除去も，復元も，不十分なままとなっている。したがって，事前対策によって万全を期さなければならない。

① 基礎情報の把握と公開

各区域・空間ごとに，自然的・社会的・経済的な情報（地形，地質，動植物相，水系，産業，環境基準と指標，上水設備，文化遺産，史跡などに関する情報），および，すべての原因物質（放射性物質，アスベスト，有害化学物質，劇物，医薬品，ウィルスやその他の病原体，生物毒素，ナノ物質，危険な生物（猛獣類，一部のペット，感染症媒介生物など），遺伝的改変生物，侵略的外来生物など），また，危険なエネルギーを内包している地形または建造物の所在や利用に関する情報を収集・整理しなければならない。収集した情報は一元化し，適宜更新する必要があり，公開を原則とする。

これらの情報に基づいて，緊急次第に対して，準備・対応するための統合計画を策定し，その実施を支える責任体制を整備しなければならない。なお，禁止や規制対象のものに限らず，有害なものについては情報を把握し公開するという手法が重要である。国際的には化学物質に関するPRTRにおいてとられている(6)。

② 予防と事前評価

第一に，環境問題の発生をできるだけ前の段階で防止するための原則として，防止原則と予防原則がある。防止原則は，重大な損害と人間活動との因果関係の解明と科学的根拠に基づく証明を前提としている。それに対して，予防原則は，科学的知見が不十分なために環境に悪影響を与えることが明らかではなくても，取り返しのつかない事態を防止するために予防的な対応行動をとることを求めている。

したがって，防止原則とその下の措置は緊急事態の場合も確保されるべきである。他方で，予防原則に基づく対応措置には科学的不確実性が伴うため，その必要性および正当性が明らかにされなければならない。具体的には，基礎となるデータならびにその収集および評価過程に透明性を確保することが必要である。緊急事態においては，上述のさまざまな条約において特定されているすべての原因物質が漏洩・放出・流出・拡散・放散され，悪影響が生じるという前提で，予防原則に基づいた計画と対応措置を定める必要がある。

東南海，東海，関東など，想定される巨大地震および津波による被害予測地域が公表されている。東北地方の沿岸域に生じたものと同程度の移転など土地利用区域の変更が必要となる可能性が高い。被害予測地域においては，東日本大震災の復興事業における課題を教訓にして，減災，被害軽減，自然メカニズムと共存・共生できる地域社会の再構築に向けて[7]，準備対応を促進する必要がある。

第二に，防止および予防のためには，緊急事態を想定した環境影響評価手続きが不可欠である。その際，文化・社会面の評価とともに，限界負荷量アプローチ（最も脆弱な動植物・生態系にも損害を生じさせないレベルを基準とすること）を活用すべきである。

(2) 事後対策

事後対策には，すでに発生した緊急事態に対応するための対策と，東日本大震災のあとの原発事故やアスベスト飛散のような，誘発されるおそれのある新たな緊急事態の発生を防止するための対策がある。

① 警報，評価

緊急事態の発生の直後に，それを知らせる警報の発信を速やかに行わなければならず，それには，想定される誘発・二次災害についての情報を含めなければならない。その後も，当該緊急事態の初期状態を評価して発信するとともに，想定される誘発・二次災害を含む拡大予測および評価を行い，追加情報を提供しなければならない。したがって，そのための体制と手続きの整備が必要である。

②　拡大防止と危害除去

事後対策の中心は，第一に，有害物質の排出防止，拡散防止，危害除去，および，処理・処分である。これらの防除活動を実施するにあたっては，それぞれの手法の特質と環境への影響を総合的に考慮して実施することが求められる。危害の除去活動には，陸上および海上の輸送ルートの妨害になる崩落物や漂流物の撤去との連携が必要である。東日本大震災の際には，船舶やコンテナなどの漂流物が避難や救援および復旧にあたって妨害となった。類似の事態に備えて，障害となる船舶や漂流物を所有者の確認なしに撤去できるように，港湾法の改正などの法令整備が必要である。また，外国からの援助の受け入れに関する法令と体制の整備も欠かせない。なお，災害廃棄物の海洋投棄処分が必要な場合は，96 年議定書に定められている緊急処分の際の要件と手続きを満たさなければならない。

第二に，新たな緊急事態の誘発防止のための対策もきわめて重要であり，それは想定される新たな緊急事態に対する事前対策でもある。関連条約に定められているすべての原因物質について防護状況の確認と防護措置を確保しなければならない。その際，最初の緊急事態によって事故防止システムに障害が生じる可能性があるため，バックアップシステムを含め緊急事態の連鎖を止める体制を整備しておく必要がある。

③　復興事業

緊急事態による被災地の復興にあたっては迅速性が重視されるが，復興事業に対しても環境・文化・社会に関する事前評価および公開・参加のための手続きは不可欠である。また，全体を統括するため，統合的管理が必要である。事前評価や公開・参加に関する国内法令が不十分な場合は，関連条約の下の基準や指標を補足的に適用することによって国際標準とされる手続きを保証すべきである。

他方，復興事業の一部として行われる自然や生態系の復元事業は，発生した緊急事態との関係では事後対策であるが，その対象地との関係では新たな行為であるため，通常の事業と同様に事前の評価手続きを尽くすことが特に必要となる。従来型の大規模土木工事に偏らないよう，在来の生態系を前提とした復元を基盤として，存続・再生している在来生態系の保護，自然の緩衝地帯の活用，自然災害への自然の対抗力の活用などを第一とすべきである。必要とされる国際標準としての原則・基準・指標および手続きは，持続可能性の確保または生物多様性の保全という観点から，生物多様性条約およびその他の自然関連の条約によって採択されている(8)。

(3) 手段と手続き

緊急対策・準備としては，実体面での制度とともに，手段や手続き面での制度整備が必要であり，それらについても国際標準に沿うことが重要である。

① 統合的管理

現代社会には，化学物質を始めとして非常に多くの有害物質や危険な建造物が身近に存在している。それらは農業，工業，食品，建設，医療などさまざまな分野において利用され，また，それぞれの分野の法令や行政によって規制管理されている。しかし，緊急事態はそれらの垣根を越えて損害を生じさせるため，準備・対応態勢も縦割りの仕組みを越えるものとしなければならない。したがって，緊急事態においては，誘発・二次災害対策，また，ほかの環境に危害を移転させないことも含めて，事前対策から事後対策まで統合的に管理する必要がある。

生態系および人間活動を統合的に管理することは，海洋法条約，ラムサール条約，生物多様性条約，世界遺産条約，アジェンダ 21（第 17 章），UNEP 陸上活動起因海洋汚染防止行動計などにおいて広く求められている。特に，ラムサール条約には，統合的管理に関する標準的手法を含む決議(Ⅷ.4)がある。それによると，統合的管理とは，持続可能性の原則に基づき，経済発展とともに，世代内，世代間の公平を確保しつつ，一層効果的な生態系管理を実現するために，対象地域のさまざまな利用者，利害当事者および意思決定者を一つにまとめるための仕組みであり，物理的，社会的，経済的，環境的な条件と，法律，財政，行政の制度枠組みの下における，持続可能な自然資源の利用のための，広域的，継続的，先行対策型，適応型の資源管理プロセスを必要とする。そこにおいても，公開および参加の保証が求められており，緊急事態にも適用可能である。

②　公開と参加

政府や公的機関による意思決定に対して，一般的に情報公開と公衆参加の保証が求められている。緊急事態に関しては，事前対策も，事後対策も，地元の生活に直結するため，特に，住民に対する情報公開と住民参加が欠かせない。情報公開は，情報取得の保証と決定過程の公開という異なる側面を含み透明性の確保とも呼ばれる。また，それは，公開することに併せて根拠を示して説明する責任を含む。他方，参加は，情報収集，規則制定，事前評価，審査・決定，運営管理，モニタリング，事後評価，不服申し立て，および司法救済などの各段階への参加を含む。公開と参加については，ラムサール条約の下の湿地管理における地元共同体および先住民の参加の確保および強化に関する決議（VII.8）は，標準的な参加手続きについて詳細に定めている。国外の潜在被害地域の公衆に有害活動国の公衆と同じ機会を保証することも必要であり，また，当該地域を管轄する国家との事前協議手続きも必要である。

③　**損害責任**

確実な救済と危害の拡大防止に向けて，関連条約の下の，無過失責任または厳格責任をベースに，物的損害や財産損害だけでなく収入減少まで補償の対象とし，また，生態系・生物多様性に対する損害およびその回復のための費用まで賠償の対象とされるべきである。その確保のためには，基金の設置および保険の義務づけが有効である。原子力の分野は損害補償のための制度が比較的整っているが，それでも，福島原発事故においては問題を生じさせている。その他の原因物質による損害責任についても，国際標準に沿って制度整備を行わなければならない。

災害や事故が発生してから対応するのでは遅く，その発生を防止しなければならないと言われる。ただし，損害賠償責任のような事後救済措置の重要性が低いわけではなく，逆に，事後の責任制度および対応策が確実でなければ，事前対策も手抜きにされることが多い。事後制度が確実であって初めて，事前制度の必要と有利性が認識されるのである。

(4)　国内体制の改善整備に向けて

緊急事態に備えるための統合的な準備対応策は，緊急事態または環境保全に関する諸条約に定められている国際標準に即し，また，情報公開と住民参加に基づいて，すべての分野および原因について改善整備される必要がある。すでに触れたように，OPRC条約は，油濁緊急事態に関する事前対策と事後対策をとることを締約国に義務づけている。それを受けて，日本もOPRC条約が求めている国内計画を策定している[9]。福島原発事故を受けて，防災基本計画や原子力災害対策マニュアルが改定され，官邸を中心とした意思決定機能の強化，原子力災害対策本部事務局オペレーションルームの官邸内設置，オンサイト・オフサイト対応で分けた現地機能の明確化などの防災体制全体の強化が図られた。それらの計画は油濁緊急事態または放射性緊急事態に対処するためのものであるが，ほかの分野およびほかの原因物質に関わる緊急事態に対処するための個別の準備対応計画と実施体制を改善整備する際に，参考にすることができる。

【注】

(1) 本稿は，東日本大震災とそれに付随する事故のような緊急事態に対して環境の観点から備えるための法整備について検討し，あるべき姿を探る。なお，このテーマについて法的観点からは，既存の国内法とその運用実態の検討と課題の明確化が重要であり，すでにその視点で多くの論考が公表されている。そのため，本稿は，国際法の観点からアプローチするものであり，特に必要な場合を除いて国内法令については対象としていない。

(2) 福島原発事故を受けて，原子力規制委員会は，原子炉等規制法の下の規則として，地震・津波，火災，テロ，過酷事故などへの対策を強化した新基準案を2013年4月10日に公表した。また，重大事故の発生確率を「100万年に1回以下」とする安全目標も定められた。

(3) 1995年の阪神淡路大震災から13年後の2008年以降4人の作業員がアスベスト疾患による労災認定を受けている。そのうちの一人は，震災直後に約2カ月間だけ，屋根瓦や廃材の片付け，清掃，マンションの改修工事など携わっていた。中皮腫に関する労災認定基準はアスベスト曝露作業への従事期間を1年としているため，2ヵ月間の曝露でも認定されたということは，短期間でも中皮腫に至る大量の飛散があったことを示している。詳細は以下のウェブサイトを参照 http://www.hoshc.org/topics/120824.html（ひょうご労働安全衛生センター）（最終訪問日，2013年4月10日）

(4) なお，東日本大震災後の大量飛散が確認されたことを受けて，大気汚染防止法の改正案が 2013 年 3 月 29 日閣議決定された。改正案については以下を参照。
http://www.env.go.jp/press/file_view.php?serial=21820&hou_id=16505（最終訪問日，2013 年 4 月 10 日）

(5) 藤沼ダムのほかにも，福島県内では約 750 のフィル型式の農業用ダム・ため池が被災した。藤沼ダムの決壊については以下を参照。藤沼湖の決壊原因調査報告書（要旨），平成 24 年 1 月 25 日，福島県農業用ダム・ため池耐震性検証委員会。

(6) 情報公開という観点からは，日本の PRTR 法（特定化学物質の環境への排出量の把握及び管理の改善の促進に関する法律，法律第 86 号，1999 年 7 月 13 日）には，第三者審査プロセスやシステムの不備が指摘されている。

(7) 震災後の自然の状況と配慮すべき事柄に関しては以下を参照。鷲谷いづみ『震災後の自然とどうつきあうか』岩波書店，2012 年。

(8) 主なものとしては以下を参照。Addis Ababa Principles and Guidelines on Sustainable Use of Biodiversity（CBD Decision VII/12）. The Ramsar Handbooks for the wise use of wetlands, 4th edition（2010）. Ecosystem Approach（CBD Decision V/6）. Voluntary Guidelines on Biodiversity-inclusive Impact Assessment（Annex I, Decision VIII/28）.

(9) 油汚染事件への準備及び対応のための国家的な緊急時計画（閣議決定，平成 9 年 12 月 18 日）

【参考文献】

高村ゆかり「福島第一原子力発電所事故による放射性排水の放出と海洋環境保護の国際的義務」『環境と公害』第 41 巻第 2 号，2011 年 10 月，49-55 頁

児矢野マリ「原子力災害と国際環境法－損害防止に関する手続的規律を中心に－」『世界法年報』第 32 号 2013 年 3 月，62-126 頁

繁田泰宏「厳格・拘束的かつ普遍的な原子力安全基準の設定と実効的遵守管理に向けて－福島原発事故を契機とした IAEA による取

組みの現状と課題－」『世界法年報』第32号2013年3月，127-159頁
道井緑一郎「原子力損害賠償条約と日本の対応」『世界法年報』第32号2013年3月，160-194頁
IAEA, IAEA Action Plan on Nuclear Safety, 22 Sept. 2011, http://www.iaea.org/newscenter/focus/actionplan/reports/actionplanns130911.pdf
スイス原子力安全規制局 福島の教訓2011年3月11日（Lessons Fukushima 11032011，原文はドイツ語），2011年10月29日（和訳：吉田文和　http://astand.asahi.com/magazine/wrscience/2012060700005.html）
油汚染事件への準備及び対応のための国家的な緊急時計画（閣議決定，平成9年12月18日）
International Petroleum Industry Environmental Conservation Association (IPIECA), Guide to Tiered Preparedness and Response, 2007.
永倉冬史・外山尚紀「東日本大震災の被災地におけるアスベスト問題」『環境と公害』第41巻第3号2012年1月，51-56頁
高村ゆかり「環境損害に対する国際法上の責任制度－その展開と課題」『社会の発展と権利の創造 － 民法・環境法学の最前線』有斐閣，2012年，711-736頁
鷲谷いづみ「生物多様性保全と震災復興」『環境と公害』第42巻第2号2012年10月，21 -26頁
鷲谷いづみ『震災後の自然とどうつきあうか』（岩波書店，2012年）

【資　料】

ILO職業病一覧表（2010年改正）

1　作業活動から生じた有害因子へのばく露による職業性疾患

1.1　化学的因子による疾病

1.1.1　ベリリウムまたはその化合物による疾病

1.1.2　カドミウムまたはその化合物による疾病

1.1.3　リンまたはその化合物による疾病

1.1.4　クロムまたはその化合物による疾病
1.1.5　マンガンまたはその化合物による疾病
1.1.6　ヒ素またはその化合物による疾病
1.1.7　水銀またはその化合物による疾病
1.1.8　鉛またはその化合物による疾病
1.1.9　弗素またはその化合物による疾病
1.1.10　二硫化炭素による疾病
1.1.11　脂肪族または芳香族の炭化水素のハロゲン誘導体による疾病
1.1.12　ベンゼンまたはその同族体による疾病
1.1.13　ベンゼンまたはその同族体のニトロ誘導体および毒性アミノ誘導体による疾病
1.1.14　ニトログリセリンその他硝酸エステルによる疾病
1.1.15　アルコール，グリコールまたはケトンによる疾病
1.1.16　一酸化炭素，硫化水素，シアン化水素またはその誘導体などの窒息性物質による疾病
1.1.17　アクリロニトリルによる疾病
1.1.18　窒素酸化物による疾病
1.1.19　バナジウムまたはその化合物による疾病
1.1.20　アンチモンまたはその化合物による疾病
1.1.21　ヘキサンによる疾病
1.1.22　無機酸による疾病
1.1.23　薬剤による疾病
1.1.24　ニッケルまたはその化合物による疾病
1.1.25　タリウムまたはその化合物による疾病
1.1.26　オスミウムまたはその化合物による疾病
1.1.27　セレニウムまたはその化合物による疾病
1.1.28　銅またはその化合物による疾病
1.1.29　白金またはその化合物による疾病
1.1.30　すずまたはその化合物による疾病
1.1.31　亜鉛またはその化合物による疾病
1.1.32　ホスゲンによる疾病

1.1.33 ベンゾキノンなどの角膜刺激性物質による疾病
1.1.34 アンモニアによる疾病
1.1.35 イソシアン酸塩による疾病
1.1.36 農薬による疾病
1.1.37 硫黄酸化物による疾病
1.1.38 有機溶剤による疾病
1.1.39 ラテックスまたはラテックス含有製品による疾病
1.1.40 塩素による疾病
1.1.41 前記各項に掲げられていないその他の作業上の化学的因子による疾病で，作業活動から生じたこれらの化学的因子へのばく露と，労働者が罹患した疾病との直接的な因果関係が科学的に確立できるか，または当該国の状況と慣行に照らし適切な方法で確定できるもの
1.2 物理的因子による疾病
1.2.1 騒音による聴覚障害
1.2.2 振動による疾病（筋肉，腱，骨，関節，末梢血管または末梢神経の障害）
1.2.3 高圧空気または減圧空気による疾病
1.2.4 電離放射線による疾病
1.2.5 レーザーを含む光学（紫外線，可視光線，赤外線）放射による疾病
1.2.6 極端な温度へのばく露による疾病
1.2.7 前記各項に掲げられていないその他の作業上の物理的因子による疾病で，作業活動から生じたこれらの物理的因子へのばく露と，労働者が罹患した疾病との直接的な因果関係が科学的に確立できるか，または当該国の状況と慣行に照らし適切な方法で確定できるもの
1.3 生物学的因子および感染症または寄生虫症
1.3.1 ブルセラ病
1.3.2 肝炎ウイルス
1.3.3 ヒト免疫不全ウイルス（HIV）
1.3.4 破傷風

1.3.5 結核
1.3.6 細菌性または真菌性の汚染物質に関連した中毒性または炎症性の症候群
1.3.7 炭疽
1.3.8 レプトスピラ症
1.3.9 前記各項に掲げられていないその他の作業上の生物学的因子による疾病で，作業活動から生じたこれらの生物学的因子へのばく露と，労働者が罹患した疾病との直接的な因果関係が科学的に確立できるか，または当該国の状況と慣行に照らし適切な方法で確定できるもの
2 標的臓器別職業性疾患
2.1 呼吸器系疾患
2.1.1 繊維形成性の鉱物粉じんによるじん肺（けい肺，炭けい肺，石綿肺）
2.1.2 けい肺結核
2.1.3 繊維形成性でない鉱物粉じんによるじん肺
2.1.4 鉄沈着症
2.1.5 超硬合金の粉じんによる気管支肺疾患
2.1.6 綿（ビシノーシス），亜麻，大麻，サイザル麻またはサトウキビ（サトウキビ肺症）の粉じんによる気管支肺疾患
2.1.7 作業工程におけるその存在が不可避な物質のうち，感作性物質または刺激性物質として認められている物質によるぜん息
2.1.8 作業活動によって生じる有機粉じんまたは微生物に汚染されたエアゾールの吸入による外因性アレルギー性肺胞炎
2.1.9 作業活動によって生じる炭じん，採石場の粉じん，木材粉じん，穀物および農作業の粉じん，畜舎の粉じん，繊維じん，紙じんの吸入による慢性閉塞性肺疾患
2.1.10 アルミニウムによる肺疾患
2.1.11 作業工程におけるその存在が不可避な物質のうち，感作性物質または刺激性物質として認められている物質による上気道障害

2.1.12　前記各項に掲げられていないその他の呼吸器系疾患で，作業活動から生じた危険要因へのばく露と，労働者が罹患した疾病との直接的な因果関係が科学的に確立できるか，または当該国の状況と慣行に照らし適切な方法で確定できるもの

2.2　皮膚疾患

2.2.1　作業活動によって生じる既知のアレルギー惹起物質で，当一覧表の他の項目に含まれていないものによるアレルギー性接触皮膚炎および接触じんましん

2.2.2　作業活動によって生じる既知の刺激性物質で，当一覧表の他の項目に含まれていないものによる刺激性接触皮膚炎

2.2.3　作業活動によって生じる既知の物質で，当一覧表の他の項目に含まれていないものによる白斑

2.2.4　当一覧表で他の項目に含まれていない作業上の物理的，化学的または生物学的な因子によるその他の皮膚疾患で，作業活動によって生じる危険要因へのばく露と，労働者が罹患した皮膚疾患との直接的な因果関係が科学的に確立できるか，または当該国の状況と慣行に照らし適切な方法で確定できるもの

2.3　筋骨格系障害

2.3.1　手首の反復動作，強度の労作および極端な位置・姿勢によって生じる橈骨茎状突起腱鞘炎

2.3.2　手首の反復動作，強度の労作および極端な位置・姿勢によって生じる手および手首の慢性腱鞘炎

2.3.3　肘部の長時間にわたる圧迫によって生じる肘頭滑液包炎

2.3.4　長時間にわたる膝立ち（ひざまずき）姿勢によって生じる膝蓋前滑液包炎

2.3.5　強度の作業の反復によって生じる上顆炎

2.3.6　膝立ち（ひざまずき）姿勢またはしゃがんだ姿勢での長時間作業の後に生じた膝関節半月板損傷

2.3.7　強度の作業の反復，振動を伴う作業，手首の極端な位置・姿勢，またはこの三つの組み合わせを長期にわたって

行ったことによる手根管症候群

2.3.8　前記各項に掲げられていないその他の筋骨格系疾患で，作業活動から生じた危険要因へのばく露と，労働者が罹患した筋骨格系疾患との直接的な因果関係が科学的に確立できるか，または当該国の状況と慣行に照らし適切な方法で確定できるもの

2.4　精神障害および行動障害

2.4.1　外傷後ストレス障害

2.4.2　前項に掲げられていないその他の精神障害または行動障害で，作業活動から生じた危険要因へのばく露と，労働者が罹患した精神障害および行動障害との直接的な因果関係が科学的に確立できるか，または当該国の状況と慣行に照らし適切な方法で確定できるもの

3　職業上のがん

3.1　次の有害因子によるがん

3.1.1　アスベスト

3.1.2　ベンジジンおよびその塩

3.1.3　ビス（クロロメチル）エーテル（BCME）

3.1.4　四価クロム化合物

3.1.5　コールタール，コールタールピッチ，すす

3.1.6　ベーター-ナフチルアミン

3.1.7　塩化ビニル

3.1.8　ベンゼン

3.1.9　ベンゼンまたはその同族体の毒性ニトロ誘導体および毒性アミノ誘導体

3.1.10　電離放射線

3.1.11　タール，ピッチ，瀝青，鉱物油，アントラセンまたはこれらの物質の化合物，生成物若しくは残滓

3.1.12　コークス炉排出物

3.1.13　ニッケル化合物

3.1.14　木材粉じん

3.1.15　ヒ素およびその化合物

3.1.16　ベリリウムおよびその化合物
3.1.17　カドミウムおよびその化合物
3.1.18　エリオン沸石
3.1.19　酸化エチレン
3.1.20　B型肝炎ウイルス(HBV)およびC型肝炎ウイルス(HCV)
3.1.21　前記各項に掲げられていないその他の作業上の有害因子によるがんで，作業活動から生じたこれらの因子へのばく露と，労働者が罹患したがんとの直接的な因果関係が科学的に確立できるか，または当該国の状況と慣行に照らし適切な方法で確定できるもの
4　その他の疾病
4.1　坑夫眼振
4.2　本表に掲げられていない職業または一連の作業によって引き起こされたその他の特定の疾患で，作業活動から生じたばく露と，労働者が罹患した疾患との直接的な因果関係が科学的に確立できるか，または当該国の状況と慣行に照らし適切な方法で確定できるもの

バーゼル条約の対象物質

金属カルボニル，ベリリウム，ベリリウム化合物，六価クロム化合物，銅化合物，亜鉛化合物，ヒ素，ヒ素化合物，セレン，セレン化合物，カドミウム，カドミウム化合物，アンチモン，アンチモン化合物，テルル，テルル化合物，水銀，水銀化合物，タリウム，タリウム化合物，鉛，鉛化合物，ふっ化カルシウムを除く無機ふっ素化合物，無機シアン化合物，酸性溶液または固体状の酸，塩基性溶液または固体状の塩基，アスベスト（粉じんおよび繊維状のもの），有機りん化合物，有機シアン化合物，フェノール，フェノール化合物（クロロフェノールを含む），エーテル，ハロゲン化された有機溶剤，ハロゲン化された溶剤を除く有機溶剤，ポリ塩化ジベンゾフラン類，ポリ塩化ジベンゾ－パラ－ジオキシン類，以上に掲げる物質以外の有機ハロゲン化合物

ロッテルダム条約の対象物質

2,4,5-T, 2,4,5-T塩および2,4,5-Tのエステル化合物, アラクロール, アルドリン, アルジカルブ, ビナパクリル, カプタホル, クロルデン, クロルジメホルム, クロロベンジレート, DDT, ディルドリン, ジニトロ-オルト-クレゾール (DNOC)およびジニトロ-オルト-クレゾール(DNOC)塩(アンモニウム塩, カリウム塩, ナトリウム塩等), ジノセブ, ジノセブ塩およびジノセブのエステル化合物, 1,2-ジブロモエタン(EDB), エンドスルファン, 1,2-ジクロロエタン, エチレンオキシド, フルオロアセトアミド, HCH(ヘキサクロロシクロヘキサン), ヘプタクロル, HCB(ヘキサクロロベンゼン), リンデン, 水銀および水銀化合物(無機水銀化合物, アルキル水銀化合物, アルキルオキシアルキルおよびアリル水銀化合物を含む。), モノクロトホス, パラチオン, ペンタクロロフェノール, ペンタクロロフェノール塩およびペンタクロロフェノールのエステル化合物, トキサフェン, トリブチルスズ化合物(ビス(トリブチルスズ)=オキシド, トリブチルスズ=フルオリド, トリブチルスズ=メタクリラート, トリブチルスズ=ベンゾエート, トリブチルスズ=クロリド, トリブチルスズ=リノリエート, トリブチルスズ=ナフテナートを含む全て), ベノミル, カルボフランおよびチウラムの全てを含有する粉剤, メタミドホス, ホスファミドン, メチルパラチオン, アスベスト（アクチノライト, アンソフィライト, アモサイト, クロシドライト, トレモライト), ポリ臭化ビフェニル(PBB), ポリ塩化ビフェニル(PCB), ポリ塩化テルフェニル(PCT), 4エチル鉛, 4メチル鉛, トリス(2,3-ジブロモプロピル)=ホスファート

ストックホルム条約の対象物質

附属書A（廃絶すべき物質）: アルドリン, クロルデン, ディルドリン, エンドリン, ヘプタクロル, マイレックス, トキサフェン, ペンタクロロベンゼン, クロルデコン, リンデン, エンドスルファン(以上は農薬), ヘキサクロロベンゼン(HCB), PCB(ポリ塩化ビフェニル), テトラブロモジフェニルエーテル, ペンタブロモジフェニルエーテル, ヘキサブロモビフェニル, ヘキサブ

ロモジフェニルエーテル，ヘプタブロモジフェニルエーテル，ヘキサブロモシクロドデカン（HBCD）（以上は溶剤やプラスチック難燃剤など工業用），α-ヘキサクロロシクロヘキサン，β-ヘキサクロロシクロヘキサン（この2種類はリンデン副産物）

附属書B（制限すべき物質）：DDT（殺虫剤），PFOS（パーフルオロオクタンスルホン酸）とその塩，PFOSF（パーフルオロオクタンスルホン酸フルオリド）（以上は，撥水撥油剤や界面活性剤）

附属書C（意図せざる副産物）：ダイオキシンおよびフラン，PCDDおよびPCDF，また，PCBおよびペンタクロロベンゼン（これらは附属書Aと重複掲載）

化学兵器禁止条約の対象物質

表1

A 毒性化学物質

(1) O-アルキル（炭素数10以下のもの。シクロアルキルを含む。)=アルキル（メチル，エチル，ノルマルプロピルまたはイソプロピル）ホスホノフルオリダート類。例えば，サリン，ソマン

(2) O-アルキル（炭素数十以下のもの。シクロアルキルを含む。）=N·N-ジアルキル（メチル，エチル，ノルマルプロピルまたはイソプロピル）ホスホルアミドシアニダート類。例えば，タブン

(3) O-アルキル（水素または炭素数十以下のもの。シクロアルキルを含む。)=S-2-ジアルキル（メチル，エチル，ノルマルプロピルまたはイソプロピル）アミノエチル=アルキル（メチル，エチル，ノルマルプロピルまたはイソプロピル）ホスホノチオラート類およびこれらのアルキル化塩類またはプロトン化塩類。例えば，VX

(4) 硫黄マスタード類

2-クロロエチルクロロメチルスルフィド，ビス(2-クロロエチル)スルフィド（別名マスタードガス），ビス(2-クロロエチルチオ）メタン，1·2-ビス(2-クロロエチルチオ）エタ

ン（別名セスキマスタード），1・3-ビス(2-クロロエチルチオ)ノルマルプロパン，1・4-ビス(2-クロロエチルチオ)ノルマルブタン，1・5-ビス(2-クロロエチルチオ)ノルマルペンタン，ビス(2-クロロエチルチオメチル)エーテル，ビス(2-クロロエチルチオエチル)エーテル（別名O-マスタード）

(5) ルイサイト類

2-クロロビニルジクロロアルシン（別名ルイサイト1），ビス（2-クロロビニル）クロロアルシン（別名ルイサイト2），トリス（2-クロロビニル）アルシン（別名ルイサイト3）

(6) 窒素マスタード類

ビス（2-クロロエチル）エチルアミン（別名HN1），ビス（2-クロロエチル）メチルアミン（別名HN2），トリス（2-クロロエチル）アミン（別名HN3）

(7) サキシトキシン

(8) リシン

B 前駆物質

(9) アルキル（メチル，エチル，ノルマルプロピルまたはイソプロピル）ホスホニルジフルオリド類。例えば，メチルホスホニルジフルオリド（別名DF）

(10) O-アルキル（水素または炭素数十以下のもの。シクロアルキルを含む。）=O-2-ジアルキル（メチル，エチル，ノルマルプロピルまたはイソプロピル）アミノエチル＝アルキル（メチル，エチル，ノルマルプロピルまたはイソプロピル）ホスホニット類およびこれらのアルキル化塩類またはプロトン化塩類。例えば，O-エチル=O-2-ジイソプロピルアミノエチル=メチルホスホニット（別名QL）

(11) クロロサリン

(12) クロロソマン

表2

A 毒性化学物質

(1) O・O-ジエチル=S-[2-(ジエチルアミノ）エチル] ホスホロチオラート（別名アミトン）およびそのアルキル化塩類ま

たはプロトン化塩類

⑵　1・1・3・3・3-ペンタフルオロ-2-(トリフルオロメチル)-1-プロペン（別名 PFIB）

⑶　3-キヌクリジニル=ベンジラート（別名 BZ）

B 前駆物質

⑷　1のメチル，エチルまたはプロピル（ノルマルまたはイソ）と結合しているが，その結合以外に炭素原子とは結合していないりん原子を含有する化学物質（表1に掲げる物質を除く）。例えば，メチルホスホニルジクロリド，ジメチル=メチルホスホナート。ただし，次のものを除く，O-エチル=S-フェニル=エチルホスホノチオロチオナート（別名ホノホス）。

⑸　N·N-ジアルキル（メチル，エチル，ノルマルプロピルまたはイソプロピル）ホスホルアミディック＝ジハリド類

⑹　ジアルキル（メチル，エチル，ノルマルプロピルまたはイソプロピル）=N·N-ジアルキル（メチル，エチル，ノルマルプロピルまたはイソプロピル）ホスホルアミダート類

⑺　三塩化砒素

⑻　2・2-ジフェニル－2-ヒドロキシ酢酸

⑼　キヌクリジン－3－オール

⑽　N·N-ジアルキル（メチル，エチル，ノルマルプロピルまたはイソプロピル）アミノエチル-2-クロリド類およびこれらのプロトン化塩類

⑾　N·N-ジアルキル（メチル，エチル，ノルマルプロピルまたはイソプロピル）アミノエタン-2-オール類およびこれらのプロトン化塩類。ただし，次に掲げるものを除く，N·N-ジメチルアミノエタノールおよびそのプロトン化塩類，N·N-ジエチルアミノエタノールおよびそのプロトン化塩類。

⑿　N·N-ジアルキル（メチル，エチル，ノルマルプロピルまたはイソプロピル）アミノエタン-2-チオール類およびこれらのプロトン化塩類

⒀　ビス(2-ヒドロキシエチル)スルフィド(別名チオジグリコール)

⒁　3・3-ジメチルブタン-2-オール（別名ピナコリルアルコール）

表3

A 毒性化学物質

⑴　二塩化カルボニル（別名ホスゲン）
⑵　塩化シアン
⑶　シアン化水素
⑷　トリクロロニトロメタン（別名クロロピクリン）

B 前駆物質

⑸　オキシ塩化リン
⑹　三塩化リン
⑺　五塩化リン
⑻　亜リン酸トリメチル
⑼　亜リン酸トリエチル
⑽　亜リン酸ジメチル
⑾　亜リン酸ジエチル
⑿　一塩化硫黄
⒀　二塩化硫黄
⒁　塩化チオニル
⒂　エチルジエタノールアミン
⒃　メチルジエタノールアミン
⒄　トリエタノールアミン

4 震災と外国軍隊

――東日本大震災及び東京電力福島第一原子力発電所事故における米軍及び他の外国軍隊の救援活動の国際法的検討――

真山　全

真山　全

1　はじめに

(1)　軍隊による救援

2011年3月11日に発生した東北地方太平洋沖地震とそれに伴う津波は，日本の東北地方を中心に甚大な被害をもたらした。さらに，この地震及び津波をきっかけに東京電力福島第一原子力発電所で深刻な事故が発生し，拙劣な東京電力及び日本政府の対応から，広範な土地，海洋，大気とそこにある全てのものを放射能で汚染するという取り返しのつかない事態を招いてしまった。

自然の及び人的の要因から生じた災害のいずれにおいても，よく統制された軍隊（armed force）であれば，効果的な救援活動を行うことができる。大規模災害の場合には，自前の輸送手段により急速展開し，補給で他に依存する程度の小さい軍隊の活動は，とりわけ有効であり，工兵や衛生部隊を増強すれば民生支援に一層役立つ。この東北地方太平洋沖地震による東日本大震災でも軍隊の顕著な活動があった。自衛隊は，兵力10万の統合任務部隊を編成して大規模震災災害派遣及び原子力災害派遣に充て，地方自治体，警察，消防及び海上保安庁その他とともに多くの人々を救った。予備自衛官及び即応予備自衛官が訓練以外で招集されたのもこの災害派遣が初めてであり，所要兵力の大きさを物語る。

東日本大震災では，諸外国並びに政府間及び非政府の国際機構からも支援が行われ，消防や災害緊急援助の部隊を派遣した国も多数にのぼった。軍隊についていえば，救援物資の日本への輸送に韓国その他の部隊が参加し，日本領域内で救援活動を行う部隊を投入した国もあった。いうまでもなくそのうちの最大勢力は，日米安全保障条約を根拠に日本にその軍隊を駐留させていた米である。作戦名をトモダチという米軍と自衛隊等との協同災害救援活動は，米軍地上兵力２万以上並びに多数の艦艇及び航空機を含む極めて大規模なものになった。他にも日本領域内の外国軍隊の活動としては，豪が大型軍用輸送機によって日本国内で自衛隊部隊等を運び，イスラエルが国防軍衛生部隊を長駆派出したのが目を引いた（自衛隊及び外国軍隊の行動については，笹本浩，「東日本大震災に対する自衛隊等の活動〜災害派遣・原子力災害派遣・外国軍隊の活動の概要〜」,『立法と調査』第317号, 2011年, 59-64頁を見よ）。

かかる米軍及び他の外国軍隊の活動に多くの日本国民が感謝している。また，米軍と自衛隊の協同がいわゆる日米同盟の緊密さを巧まずして内外に知らしめる効果ももたらした。さらに，航空偵察による避難所確認，洋上救難，避難所への物資補給と衛生支援から仙台空港啓開，大型無人偵察機による放射能汚染広域調査に至るまで，実戦経験と断固たる決意に基づく米軍の迅速な行動や優れた装備を目の当たりにしたことは，自衛隊のそれを改善せしめる好機となったはずである。

(2) 外国軍隊の領域進入及びその問題性

外国軍隊の存在は，従来から様々な問題を生んできた。まず，無害通航や通過通航の場合を除き，外国軍隊が別の国の領域（territory）内に存在することの国際法上の根拠からして説明されなければならない。これは，領域国の領土保全及び政治的独立の維持からも重要である。外国軍隊進入が適法になされた場合には，当該軍隊に対して領域国が管轄権行使を許容される範囲が実際上の最大の論点になる。すなわち，国家を体現し，その行動への干渉を極力排除しようとする外国軍隊の展開と，領域国の領域主権に基づく管轄権行使の関係をいかに捉えるかである。さらに具体的には，外国軍隊又はその構成員が領域国国民に損害を与えた場合の処理方法がしばしば争いになってきた。これらの問題は，武力紛争や災害のないときから勿論起こりうる。日米安全保障条約第6条に基づく在日米軍地位協定（日米地位協定）及びその合意議事録がありながら，加えて，同協定によって合同委員会という協議機関が設けられながら，米軍用航空機墜落事故や米軍将兵の犯罪が発生するたびに激しい議論が巻き起こるのである。

災害という緊急時には，領域国との事前の十分な交渉がなされないまま軍隊が派遣されることも少なくない。人命救助のため領域国の同意なく進入することすらもあるかもしれない。東日本大震災にあっても，米軍の進入と行動は，全て日米安全保障条約及び在日米軍地位協定を含む適用可能な条約で規律されるのであればともかく，そうでなければ，慣習国際法による処理を行う他はない。しかし，慣習国際法の中身は，必ずしも明らかではないのである。

他の外国軍隊については，1954年の朝鮮国連軍地位協定や，2010年に締結されものの発効が東北地方太平洋沖地震後の2013年であった日豪物品役務相互提供協定のような特殊な条約を除き，領土で武力紛争時以外のいわゆる平時に外国軍隊と接触することに関する条約を日本は持たないと思われる。但し，これは，日本に特有であるということはなく，どの国であっても，安全保障条約や地位協定の類を除けば，そのような条約を結ぶことはあまり考えられない。従って，臨時的な取極を急いで結ばなかったとしたら，慣習国際法による規律しかないということになる。なお，こうした臨時的取極といえども関係国を拘束するには国家間取極でなければならないから，国家を直ちには拘束しない軍隊指揮官間取極では足りない。救援のための臨時の取極を指揮官同士で結んだとしても，何らかの経路でそれが国家間合意と結びつけられなければ国家を拘束しない。

米軍をはじめとする外国軍隊が東日本大震災に際し行った救援

活動は，善意と人道的精神に溢れたものであったが，そこで生じたか又は潜在する問題を分析しなければならない。本稿は，事実関係を完全には承知していないことからくる法的評価の誤りを懸念しつつ，外国軍隊の災害救援活動と被災国の領域主権に基づく管轄権行使との間で生じうる問題の検討を専ら国際法の観点から限定的ながら試みる。そのためにまずは，軍隊の定義及びその地位を概観する。

2　外国軍隊の特殊性及びその地位

(1)　軍隊の定義

軍隊を一般的に定義する条約規定は見いだしがたい。条約が軍隊を定義することがあるとしても，それは特定の目的との関係における軍隊の定義にとどまる。武力紛争法は，軍隊の構成員に特別な権利を与えるから，その意味における軍隊の定義が必要である。軍隊の定義が特に重要なこの武力紛争法ですら，条約中で定義を行ったのは，1977 年のジュネーヴ諸条約第一追加議定書が実質的には初めてであった。しかし，定義規定であるその第 43 条 1 項では，指揮官があり内部規律に服する武装した組織といった程度の定義しかない。なお，同議定書には，武力紛争に投入される任務を持つという要件は記されていないが，これは，同議定書が国際的武力紛争に適用されることを前提としていることからして当然といえる。

他の国際法分野でも軍隊の定義を要することがある。海洋法で軍艦の地位を考える際には，それが海戦法規上の軍艦と同一であっても差し支えはないがそうである必然性もないので，軍艦定義に前提的に必要な海洋法上の軍隊の定義に関心が向くはずである。しかし，公海条約や国連海洋法条約では軍隊の定義を設けないまま軍艦が定義される。

対外的武力紛争を遂行する任務を有する組織を軍隊というのは自然であろうが，内戦といった非国際的武力紛争もありうる。軍隊が対外的武力紛争にのみ投入されるとは全然限らない。しかし，国家の政府が非国際的武力紛争を戦う場合には，国内法の執行であると国際法は認識するから，その点では警察部隊と同じことになり，今度は警察と軍隊の区別において問題が生じる。しかも，軍隊にこうした法執行も担わせるかは，国内法次第であって，国際法はそれに直接には関与しない。

敢えて一般的な定義を与えるとすれば，結局のところ，国際的と非国際的の武力紛争を戦う任務を有する武装した組織といった程度の実質的任務を要素とする定義しか国際法上はできない。この実質的任務を中核として定義を考えるとしても，今度は，国内法によってそのような任務が付与されているかが国際法上も相応の重要性を帯びてきてしまう。実際，米沿岸警備隊（US Coast Guard）は，米連邦法上の軍隊であって，まさにそうされているが故に国際的武力紛争にも軍隊として参加できるが，海上警察としての法執行任務も持つ。日本の海上保安庁（Japan Coast Guard）も組織と装備からして海軍補助兵力として十分使うことができ，軍隊でもある米沿岸警備隊類似の現行英語呼称からも軍隊のように聞こえる。しかし，海上保安庁法第25条は，「この法律のいかなる規定も海上保安庁……が軍隊として組織され，訓練され，又は軍隊の機能を営むことを認めるものと」解釈してはならない旨定める。ここでいう軍隊が日本国憲法上のそれであれば，自衛隊ですらその意味では軍隊ではなく，従って，海上保安庁が軍隊ではないと定める第25条の意味はなくなってしまうから，同条は，海上保安庁は実質的にも非軍隊であるといっていると考えられる。米と日本の沿岸警備隊は，同種組織であっても国内法上の扱いが異なり，それが国際法上の地位に一定の影響を与えているのである。こうしたことから軍隊の統一的理解は，ますます困難になる。

(2) 外国軍隊の地位

国際法からする軍隊の定義は，自明のように思えるが，必ずしもそうではない。しかし，一旦軍隊又はその構成員とされれば，国際法上，一定の特権と免除が与えられる。いわゆる平時にあって別の国の領域に進入する外国軍隊とその構成員は，当該別の国の領域管轄下に場所としては入るにも係わらず，管轄権の行使からは少なくとも公務に関しては免れるといわれてきた。しかし，具体的な免除範囲は，先述の通り，外国軍隊の通過の場合ですらさほどはっきりとしていなかったと思われ，1812年のスクーナー船エクスチェンジ事件米連邦最高裁判所判決（*The Schooner Exchange vs. M'Faddon,* 11US（7 Cranch）116（1812））以来の先例の解釈及び意義についても議論がある。

海上警察その他の国家機関に与えられる免除の範囲と実質的にどこが相違するかの議論も残っている。確かに，領域管轄との関連には限らないが海洋法関連条約では，軍艦と非商業目的政府船舶の間に取り扱いにおいて大きな差異を条文上設けていない。軍隊と他の政府機関の相違としてここで少なくともいいうることは，いわゆる平時における領域国の同意のある進入のときには，国家元首や外交官は別段，組織を単位として考える場合には，特権と免除の程度において軍隊は最も上位にあり，警察その他の外国国家機関はそれより上ではないと思われる。

こうした状況では，慣習国際法の関連規則の内容も確定的には記せないのではないかとすら思える。このため，外国軍隊との接触が予想される場合には，条約によってその地位を明確化しておけば紛争の発生防止に資するであろう。そのような合意の必要性は，第二次大戦後の安全保障条約等によって多く見られるようになった長期に亘る外国軍隊駐留の場合に顕著である。日本については，在日米軍地位協定及び後方支援基地貸与協定の性格の強い朝鮮国連軍地位協定がある。そこでは，刑事及び民事の裁判管轄権配分も含め，外国軍隊とその構成員の地位と取り扱いが定められている。なお，特別条約の適用される外国軍隊以外に係わる事例が日本でもいくらか生じている。朝鮮国連軍地位協定締結前の神戸英水兵事件（大阪高等裁判所 1952 年 11 月 5 日判決，『裁判所時報』，第 119 号 4 号）や 1976 年発生のソ連防空軍戦闘機 MIG-25 函館亡命事件がそれである。軍隊の事例ではないが，免除に関連しては，クリコフ船長事件（旭川地方裁判所 1954 年 2 月 19 日判決，『判例時報』第 21 号）も挙げられる。

3　災害時の外国軍隊の領域進入

(1)　被災国による救援要請又は外国軍隊受け入れ同意

被災国が外国に対し軍隊の派遣を要請すれば，外国軍隊の領域進入自体の違法性は阻却される。特定国への要請であれば，当該特定国の軍隊のみが進入を許容されるのは当然である。また，外国が援助を申し出，被災国である領域国が同意しても同じく違法性は阻却される。被災国の政府が災害で消滅した場合については，別個に議論する必要がある。そうなってもなお被災国が国家として存続するとして，同意の推定その他の方法も考えなければならないかもしれないが，違法性阻却の説明としての同意であるから，推定には慎重にならざるをえない。

同意がない場合において被災国領域に外国軍隊が進入するためには，何らかの別個の違法性阻却事由が必要である。2001 年採択の国連国際法委員会（International Law Commission, ILC）国家責任条文案のいうような不可抗力や遭難による入域は，被災国への救援との関係では考える必要はなかろう。また，緊急避難（necessity）は，同条文案第25条(a)によれば，「重大かつ差し迫った危険から根本的利益を守る」必要が軍隊派遣国側にある場合に成立しようが，これももはや被災国救援ではない。

但し，国境沿いの原子力発電所の事故を防ぎ，被災国救援ではなく自国領域や地球全体の放射能汚染を回避する目的で，原子力事故関係条約上とりうる措置の他に，軍隊を越境させるということはあるかもしれない。東京電力福島第一原子力発電所からの放射能が近隣諸国領域に深刻な汚染を及ぼすならば，日本の同意のないまま当該発電所で放射能拡散防止をとるべきであるとのいわゆる保護する責任（responsibility to protect）の反転版のような考え方も現れそうである。そのような行動の違法性阻却事由があるとすれば，1967年に英沿岸公海で座礁したリベリア船籍タンカーのトリー・キャニオンを英空軍が爆撃し，油を炎上させて汚染拡散を防いだ事件でも議論された緊急避難であろう。また，特定国の被害にとどまらずに地球規模の汚染をもたらし，国際社会全体に影響するのであれば，被災国原子力発電所に対する緊急避難としての措置がいずれの国によっても実施可能であるのかという問題も認識されている。

(2) 被災国の被救援権及び諸外国の救援義務

被災国の要請及び外国の軍隊派遣同意，又は外国の軍隊派遣申出と被災国の受け入れ同意のどちらかがあれば，外国軍隊進入に問題はない。しかし，この当事者双方の合意の枠組をこえて，国や人の被救援権，救援権や救援義務という法的な権利義務関係を構築できるかの検討の企図もある。

外国又は国際機構による救援の義務ないし責任という説明が可能であるかについては，保護する責任との関係でも議論を呼んだ。2008年にサイクロンがミャンマー（ビルマ）を襲った際にも自然災害からの住民保護が関心を集めた。結局，自然災害については保護する責任とは別個に議論する方向にあるともいわれるが，保護する責任それ自体の性格の不明確さもあり流動的である。この問題は，ILCにおいても「災害時の人の保護（Protection of Persons in the Event of Disasters）」として2007年の第59会期で作業計画に追加されていた。ILCでは，人の保護の標題の下で，被災国の援助を要求する義務及び援助受け入れ同意を恣意的に留保しない義務，並びに外国が援助を提供する権利等が議論されている。被災国に可能な限り被災者を救援するという一般的義務が課せられていることは否定しがたいとはいえ，どこまで被災者の権利に対応する被災国及び諸外国の義務又は責任という構成が可能であるのかは不明である。

保護する責任や災害時の人の保護の議論においても，外国の救援権や救援義務はなお承認されていないのであるから，外国軍隊の被災国進入は，国連安全保障理事会の憲章第7章決議でもない限り，原則として被災領域国の同意に引き続き依存する。

(3) 日米安全保障条約及び在日米軍地位協定

日米安全保障条約により領域内所在を認められるような米軍は，その行動も同条約によって規律されなければならないことはいうまでもない。米軍の日本領域内災害救援活動と同条約の関係についても確認される必要がある。それは，条約に根拠がない米軍の進入には，本来的に日本の別個の要請又は同意を要することになるはずだからであるが，実際的な理由もある。すなわち，米軍救援活動から生じた損害の処理が安全保障条約及び同条約第6

条に基づく在日米軍地位協定で処理されるかや，救援経費負担がこれら条約規定に則って処理されるかといった問題が生じる。

日米安全保障条約は，日本の防衛並びに極東の平和及び安全の維持のための米軍の日本領域内基地使用を確保することを主要な目的としている。こうした軍事的安全保障の確保の他に，同条約には，一層広い目的も抽象的に記されている。すなわち，同条約前文２項は，「それぞれの国における経済的安定及び福祉の条件を助長することを希望」するとし，第２条「経済的協力」においては，「安定及び福祉の条件を助長することによって，平和的かつ友好的な国際関係の一層の発展に貢献する。」とも定めている。

東日本大震災における米軍の救援活動は，厳密にいえば，安全保障条約のいずれの条項をも直接の根拠にすることはできないように思われる。軍事的安全保障やその他の相互協力に関するこうした条文が災害救援を想定していたと解するのは困難である。

しかし，日米両国とも救援活動と安全保障条約の関係についてほとんど問題とはしていなかったようで，日米同盟という大雑把な表現をしばしば使って，米軍救援活動の安全保障条約適合性を当然視していた。実際に，東日本大震災で日米防衛協力のための指針が想定する調整所が防衛省（市ヶ谷），在日米軍司令部（横田）及び陸上自衛隊東北方面総監部（仙台）に設置されている。外務省のトモダチ作戦説明文書にも，2011 年「3 月 11 日夜，松本外務大臣からルース駐日大使に対し，在日米軍による支援を正式に要請。在日米軍司令部によれば，米軍は，人員約 24,500，……を投入（最大時）した大規模な活動（「トモダチ作戦」）を実施」したとある（外務省，「東日本大震災に係る米軍による支援（トモダチ作戦）」，2011 年 8 月 29 日，外務省ホームページ，http://www.mofa.go.jp/mofaj/area/usa/sfa/index.html, visited 16 Feb. 2013）。この日本の援助要請と米の受諾という安全保障条約とは別個の合意で救援活動が説明されるとしても国際法上問題はなく，また，日米安全保障条約も日本側要請による災害救援活動を禁止していないので，同条約上の問題もない。しかしながら，そのような特別合意に基づき安全保障条約の枠外で行ったというよりは，安全保障条約の目的を柔軟に解してその内の活動と認識した上で，在日米軍の支援を日本が要請し，米がこれに応え，米軍に提供された施設及び区域をこえて被災地その他の日本領域で救援活動を開始したという認識を日米双方の関係者が持っていたと考える方が妥当である。

(4) 米軍の領域進入目的

日米安全保障条約との関係についてのこの枠組み的認識に加え，後述のように米軍は，日本領域内にありさえすれば在日米軍地位協定の適用を受けると広く信ぜられていることも，米軍救援活動の安全保障条約適合性を自明のように思わせる効果を生んでいる。

確かに，在日米軍の活動を振り返ってみても，日本における災害救援に参加してきたのであって，伊勢湾台風等の風水害の他，兵庫県南部地震，新潟県中部地震及び新潟県中越沖地震に伴う震災時にも支援があった。日本関係当局は，在日米軍への支援要請には消極的なこともあったが，米軍の行動の法的根拠に疑念をもっていたわけではなかった。また，航空救難や洋上救難を沿岸警備隊を含む在日米軍が行っていたことも少なくない。とりわけ日本の救難体制が不備な頃には，優秀装備の米軍救難部隊は，日本漁民等にとって心強い存在であったであろう。自衛隊救難部隊が成長した後も米軍救難部隊は大きな貢献をしており，例えば，1985 年に日本航空旅客機 B-747 が群馬県に墜落した事故では，米軍からの情報のおかげで遭難地点特定が進み，さらに遭難地点上空進出も厚木からの米軍救難機が最も早かった。

しかし，進入目的に係わらず，米軍の日本領域内進入及び展開が全て安全保障条約に依拠し，従って，地位協定適用を受けると解するのは適当ではなかろう。在日米軍とは，日米安全保障条約第6条及び在日米軍地位協定表題にある「日本国における合衆国軍隊」を一般には指す。地位協定第1条(a)も「この協定において『合衆国軍隊の構成員』とは,『日本国の領域内』にある間における」米軍に属する現役の人員をいうと規定する。「この協定」は，協定名称から明らかなように安全保障条約第6条に基づくが,「この協定」条文には条約目的と領域内所在の関連性が書かれていないから，一時的な通過目的であっても日本領域内にあれば，その指揮関係に係わらず地位協定適用対象になるとの見解も生まれる。

進入目的を度外視して全て地位協定が適用されるならば，日本領域を単に通過するつもりの米軍用航空機が日本領域に落ちても，被害者である日本国民の請求は慣習国際法よりは被害者に有利な点がある地位協定で処理できる。また，災害救援にあっても，条約目的と救援の関係性や指揮系統に頓着せず，地位協定の下で米軍が直ちに行動できるのは好都合である。しかし，まさに安全保障条約第6条に地位協定が基づいているのであるから，進入目的に関係なく日本にある米軍は全てその適用対象になるというには原理的な難点がある。そのようにいうのであれば，安全保障条約体制は全体として基地貸与あるいは領域自由通過の枠組みの性格を強く帯びることになる。安全保障条約とは無関係の作戦行動に向かう戦闘部隊の通過や，同じく条約と関係のない犯罪容疑者を米本土やグアンタナモ基地に移送する途中の米軍輸送機の横田基地着陸といったことがあったかもしれず，条約目的外進入には個別に日本の同意を要すというべきであろう。

地位協定が領域内所在をどう考えているかは，実はかなり複雑である。領域内所在要件があるとすると，日本領域外の米軍に地位協定の適用はなくなるはずである。米軍が日本領域外の日本国民に与えた損害の処理について在日米軍地位協定の適用が排除されたことが過去に存在する。1981年に日本船籍貨物船日昇丸は，米海軍原子力潜水艦ジョージ・ワシントンに当て逃げされて沈没した。この事件は，鹿児島県下甑島沖で発生したが日本領海外であったので地位協定は適用されなかったという。急速浮上してきた米海軍原子力潜水艦グリーンヴィルに宇和島水産高等学校実習船えひめ丸が衝突されて沈んだ2001年の事件もハワイ諸島近海で生じたので同様である。これらの潜水艦は，日本の港を根拠地としていたわけではないが，領域内にあるか否かを基準とすれば，日本に配備されている部隊であっても領域外に出ると在日米軍ではなくなり，それが日本船籍船舶に損害を与えても地位協定の適用外になるという説明ができることになる。しかし，文言解釈上日本領域外でも適用が考えられる地位協定条文もある。日本又は米がそれぞれ相手の「防衛隊（defense services）」に与えた損害から生じる請求権の放棄に関する地位協定第18条1項は，日本領域外で生じた損害にも適用があろう。

他方，日本領域内所在米軍でも地位協定適用外とされるものもある。米公館警備海兵隊は，指揮系統からして在日米軍の一部ではないとされる。また，MIG-25事件において日本の監督下でなされた米空軍輸送機による機体の函館空港から航空自衛隊百里基地への輸送，及び米空軍構成員が百里基地で行った調査支援には，安全保障条約と地位協定の適用はなかった。MIG-25調査支援については，安全保障条約が禁止していなければ，同条約と地位協定の適用のない米軍の活動も日本の要請又は同意により可能であるという説明がされる（『第78国会参議院内閣委員会会議録』，第2号，1976年10月14日，26-27頁）。この説明は，安全保障条約と無関係の米軍は，同意がなければ入域できないことを意味すると同時に，個別的同意で入域させれば地位協定の適用がなく，慣習国際法上の広い免除が付与されることになるという諸刃の剣的効果を持つ。これは，米軍の災害救援は安全保障条約が禁止しないので可能であるとの説明との関係でも興味深い先例である。

(5) 日米安全保障条約適用の帰結としての救援義務

こうしてみると，トモダチ作戦における米軍の活動の大部分は，日米安全保障条約が禁止せず，むしろその枠組みの内のものであるという意味で，それに従った行動であると説明できても，そこから外れるか又は地位協定適用外の活動もありそうである。しかし，同条約による行動が大部分であることを前面に出せば，米軍は，友人ではあるが条約上の災害救援義務ないし協力義務を負っていたということになる。そうであれば日本は，地位協定第24条で定める場合を除き，その経費支弁の義務を条約上は負わない。とはいえ，いわゆる思いやり予算及び関連特別協定でこれまでも払ってきたのと同じような方式で，結果として実質的にトモダチ作戦経費の幾分かを日本も負担するということになれば，条約義務か否かを論じる実益は，それだけ低減する。また，思いやり予算を利用して日本が米の負担を全体として軽くするならば，米軍の救援が最も大規模であったのではあるが，他の諸国及びその国民並びに国際機構の救援に対しても同じ基準で計算して支払うか又は何らかの見返りを提供するのでなければ，経費償還において実質的には差別的であることにはなる。

経費についてさらにいうならば，2004年改正の日米物品役務相互提供協定は，「大規模災害への対処」としての「後方支援，物品又は役務」の提供に係わる返還や償還も定める。同協定前文は，自衛隊と米軍の緊密な協力を促進し，安全保障条約の円滑な運用に寄与することを目的として掲げ，第2条から第5条で共同訓練，国連平和維持活動又は人道的な国際救援活動，周辺事態，及び武力攻撃事態又は武力攻撃予測事態における役務等提供を定め，加えて災害時の提供を第6条において規定している。これらの物品役務等が提供可能な状況は，安全保障条約適用範囲とは同じではないが，安全保障条約及び地位協定の適用事態との関係如何は，前文の他には第11条で在日米軍地位協定に「影響を及ぼすものではない」とある。東日本大震災救援活動においてこの物品役務相互提供協定が適用されたが，その第7条により災害救援関係の経費の決済がありうることになる。こちらの支払いの方が思いやり予算経由による実質的な米負担軽減よりは，法的には説明しやすい場合もあるように思料される。

ここでついでに安全保障条約体制外の条約による経費の対米支払可能性にも触れる。1986年の原子力事故援助条約を適用したのであるなら，そこでいう援助提供者は，経費償還を要求できる（第7条）。しかも，同条約にいう援助要員は，在日米軍地位協定の定めよりも広い特権免除を享有する（第8条，第10条）。なお，米は，この条約の批准時に特権免除規定は相互主義的に適用すると宣言している。トモダチ作戦が日米安全保障条約に根拠を持ち地位協定に則ってなされた活動であると米も考えているのであれば，そのことと償還規定を持つ他の条約の関係をどのように解するかの問題が生じる。

また，条約上は日米安全保障条約とその関連協定のみが根拠であっても，米軍以外の原子力規制委員会のような米国家機関による援助も同条約上の援助に包摂されるかの問題が残る。包摂されるとしても又は彼等が横田基地等の米軍の施設と区域を根拠地として使用することがあるとしても，彼等は，軍隊構成員又は軍属ではないので地位協定の人的管轄範囲に関する条文の適用からは外れる。但し，米軍予備役将兵が例えば米国際援助庁の救援部隊にあって日本に所在する場合における在日米軍地位協定適用の有無については，まずは同協定第1条の米軍に「現に服役中の者」の範囲の問題となろうが，刑事裁判権に関する第17条では，「合衆国の軍法に服するすべての者」という文言があって，そこでは予備役将兵への軍法適用の問題となる。第17条に関連する日米合同委員会合意の「刑事裁判権に関する事項」（以下，刑事裁判権に関する合同委員会合意という）の「第1⑴」では，「行政協定第17条にいう『合衆国の軍法に服する者』には，合衆国統一軍法第2条及び第3条に掲げるすべての者を含む。」とある（外務省，「日米地位協定各条に関する日米合同委員会合意」，外務省ホームページ，http://www.mofa.go.jp/mofaj/area/usa/sfa/kyoutei/index_02.html, visited 16 Feb. 2013）。

⑹ 在日米軍以外の外国軍隊

在日米軍以外の外国軍隊については，朝鮮国連軍地位協定及び附属取極の他に適用可能な現行の地位協定とその関係取極はないと思われる。朝鮮国連軍派遣国の軍艦及び軍用航空機が日本に立ち寄っていることはよく知られている。その全てが関連国連決議や朝鮮国連軍地位協定を根拠としての入域であるかは明らかではないが，例えば最近では2006年と2009年の北朝鮮核実験に際して英空軍空中給油兼輸送機VC-10が観測のため嘉手納基地に進出したのは，同協定が根拠である。さらに，日本の基地を使った朝鮮国連軍としての演習すら見られる。2007年に豪空軍哨戒機AP-3Cは，日本にある国連軍後方司令部の調整を受けて朝鮮国連軍地位協定を利用し，嘉手納に展開して米海軍哨戒機P-3Cと訓練を行った。この海域での朝鮮国連軍の活動としての米豪演習は珍しく，朝鮮戦争以来であるという。なお，朝鮮国連軍を構成する豪軍部隊には日豪物品役務相互提供協定は適用されない（同協定第6条1項）。

ところで，在日米軍と朝鮮国連軍たる米軍の関係もかなり込み入っている。日本領域に入ってくる米軍が全部在日米軍でその地位協定の適用があるとするなら，それが朝鮮国連軍の一部でもあるかを考える実益はあまりなくなるともいわれる。しかし，事前協議等の制約で日米安保条約及びその地位協定ではできないことが，朝鮮国連軍への日本の支援を謳った文書及び朝鮮国連軍地位協定を援用すれば可能な場合もあろう。そうであれば，在日米軍地位協定と朝鮮国連軍地位協定の米による使い分けに注意しなければならない。

東日本大震災で来援する米軍以外の朝鮮国連軍参加国部隊が朝鮮国連軍地位協定を援用できるかは，否定的に解される。確かに，トモダチ作戦参加米軍が安全保障条約とその地位協定の適用を受けると広く認識されている理由は，救援活動を安全保障条約が禁止していないこと，及び単に日本領域内に所在すれば地位協定が適用可能とされていることであったから，来援朝鮮国連軍への朝鮮国連軍地位協定適用にもこれと同じ説明ができそうである。しかしながら，在日米軍地位協定の元にある日米安全保障条約は，日本の安全確保という目的を持つ一方，朝鮮国連軍地位協定は，国連諸決議が基盤であり，日本の安全確保を直接的には目的としない。つまり後者の地位協定は，朝鮮国連軍の諸活動支援のための後方基地を日本に求めているにとどまる。条約が単に禁止していないという説明ではなく，日米安全保障条約の目的を認識し，且つ日本の明示的要請もあって米軍救援活動は同条約の，従って在日米軍地位協定の適用がありうると何とかいえると考えられる。関係国連決議の実施のための朝鮮国連軍地位協定ではそこまでの説明は困難である。

しかし，朝鮮国連軍地位協定適用が本来的にはできなくとも，救援活動にそれを適用する旨特定国との間で臨時的に合意することに国際法上の問題はない。但し，そのような合意をするとしても，朝鮮国連軍地位協定実施に伴う刑事特別法もともに適用するのは同法改正がなければ無理である。

東日本大震災後の国会審議で米軍トモダチ作戦の日本領域内実施の法的根拠について扱ったものはないようである。その他の外国軍隊に関しては，豪空軍輸送機の日本国内輸送従事の根拠を問われて日本政府は，一般論として次のように答弁している。すなわち，災害救援のための「国際的に確立した特定の手続が存在しているというわけでは」なく，日本では，「軍隊を含めた外国が災害救援のために活動することを妨げる特定の法的枠組みというものも存在して」いないとして，国際法及び国内法の禁止規定がないことを挙げる。これを前提的認識としつつ，「主権国家としての固有の権利に基づき，‥‥援助活動の実施を目的として他の災害救援関係者と同様に諸外国軍隊に派遣を要請することは可能」であると続けて答弁している（『第177回国会参議院外交防衛委員会会議録』，第1号，2011年3月25日，4頁)。大規模災害対応

〈写真説明：陸上自衛隊第15旅団車輌を沖縄から米空軍横田基地に輸送してきた豪空軍輸送機C-17。カーゴランプ上方胴体側面に豪軍用航空機国籍標章のカンガルーが見える。Photo by Staff Sergeant Jonathan Steffen（19 March 2011），US Air Force Photo, http://www.yokota.af.mil/news/story.asp?id=123247518, visited 23 Feb. 2013.〉

規定も持つ日豪物品役務相互提供協定は，日本では地震当時，国会承認前であり，発効は2013年であるため，豪空軍輸送機の救援活動も特別の要請と同意で説明されている。また，朝鮮国連軍地位協定にも言及されていない。

(7) 領水外における洋上救難及び放射能汚染調査

同意の要件は，領域主権から来る。従って，日本の接続水域及び排他的経済水域（exclusive economic zone, EEZ）における洋上救難は，沿岸国の同意がなくとも妨げられない。また，日本領水外救難海域に向かう外国軍隊の艦艇の日本領海通過も無害通航の限りで全く差し支えない。いずれにしても，領水外での津波被害者救助のような洋上救難は，海洋法適用問題として処理すればよく，外国軍隊の災害救援ということから特別な問題は生じない。

領海内の海洋放射能汚染調査は，無害通航に該当しないから，沿岸国日本の同意を要する。領水外の接続水域を含むEEZにおける調査については，国連海洋法条約では資源探査開発調査と海洋科学的調査に分けられ，前者は沿岸国の許可がなければ禁止され，後者も沿岸国の管轄下にあるが，沿岸国は，海洋科学的調査に対し「通常の状況」において同意を与える（同条約第246条3項）。EEZで沿岸国以外の外国が行いうるかで争いがあるのが軍事調査（軍事目的調査，military survey）である。

日本EEZ内の放射能汚染調査は，資源調査には該当しないであろう。しかし，生物資源汚染調査も該当しないと断言できるかは，精査が必要である。また，海洋放射能汚染調査も本来的な海洋科学的調査ではないであろうが，そこから完全に排除されるかは判然とはしない。このいずれにも該当せずにEEZでも公海同様に実施できると米等が主張する軍事調査については，日本政府は明示的にはこれに反対してこなかった。これが安全保障条約締約相手国米よる軍事調査であるから反対しないのであるのかは明らかではない。2007年の英海軍海洋観測艦エコー横須賀寄港のような際に，EEZ内軍事調査には許可を要するとの立場から観測の場所や内容について日本が照会しているか否かも知られていない。

日本がEEZ内軍事調査に明示的には反対してこなかったことも併せ考え，各国軍隊が海上作戦に必要な軍事調査として日本EEZ内の海洋放射能調査を行ったとしたら日本は抗議しにくい。また，1981年のイスラエル空軍機によるオシラク原子炉爆撃もあって，原子力発電所攻撃による放射能拡散予測に各国は重大な関心を持っている。東京電力福島第一原子力発電所事故は，改めて「原発攻撃の脅威を軍事関係者に印象づけた」から（吉田文彦，「ヒロシマ・フクシマ 原発が放射能兵器になる時」，『朝日新聞』，2011年4月17日朝刊），汚染状況が既に公表されているとしても，より精細なEEZ汚染拡散調査を軍事的関心から行う国があるかもしれない。

さらに，原子力推進艦船は，搭載原子炉からの放射能漏出探知のため大気及び海水の放射能を常に測定する必要があるならば，そのような放射能調査は航行の安全のために不可欠の措置と構成され，EEZ内航行が自由である以上その航行の安全のために当然に許容されるという主張もなされよう。この主張が成立するならば，領海内の原子力推進艦船通航の場合でも成立してしまう。東北地方太平洋沖地震発生後，米海軍原子力航空母艦ロナルド・レーガンが早々に東北沖に展開した一方，定期修理で横須賀にあった原子力航空母艦ジョージ・ワシントンは，東京電力福島第一原子力発電所事故発生後に出港して佐世保方面へ向かった。この理由は，事故で放出された放射能が，搭載原子炉検査のための放射能精密測定の障害になったからであるともいわれた。本件によって，艦船搭載原子炉と環境中の放射能の関連性に関心が集まったのである（なお，東京電力による放射能汚染情報隠蔽により危険に曝されたとし，ロナルド・レーガン乗組米海軍将兵らが賠償支払いを求めて東京電力をカリフォルニア南部地区連邦地方裁判所に2012年12月に訴えた。“US Sailors Sue Japanese Utility over Radiation Exposure,” *Stars and Stripes*, 27 Dec. 2012.）。

東京電力福島第一原子力発電所事故の後に外国による海洋放射能汚染調査は，実際に行われている。2011年6月に宮城県金華山沖EEZで中国水産科学研究院調査船南鋒が放射能調査を実施したとされ，また，「中国国家海洋局は，福島県沖の西太平洋で行った海洋環境調査の結果として『汚染された海域は日本が発表した影響範囲をはるかに越えている。放射性汚染物質が中国の管轄海域に入っている可能性も排除できない』との見解を明らかにした」との報道もある（『朝日新聞』，2011年6月28日朝刊，同年7月6日朝刊，同年8月16日朝刊）。

米が東京電力福島第一原子力発電所直上を含む空域にグアム島から大型無人偵察機を飛ばして放射能汚染を観測していたことも考えれば，米は，艦艇又は航空機によって日本EEZの放射能汚染も調査しているはずである。EEZ内調査結果通報がなされるならば日米安全保障条約上の対日協力と説明してもよかろうが，同条約から離れても実施できる場合もある。なお，日米間では一般国際法に優位する特別法である安全保障条約に基づき可能とされる場合の米軍の調査を除いて，米及び他の国の調査がいずれかの国際法規則に反する場合には，EEZ沿岸国日本はその停止を要求できる。しかし，EEZにおける航行は公海と同じく自由であるから，EEZ外退去要求はできない。

国際原子力機関その他の国際機構による海洋汚染調査も，当該機構の意思決定に加盟国が法的に拘束される場合を除き，調査対象が加盟国の領域又はその管轄権の及ぶ事項である場合には当該加盟国の同意を要す。

なお，EEZ において外国の艦船又は航空機が大気中の放射能を測定することに海洋法上の問題はない。2011 年 3 月末にロシア空軍戦闘機が集塵ポッドを吊して日本周辺を飛行したが，日本領海外を飛んだのであれば，それが日本 EEZ 上空であっても，あるいは日本防空識別圏内でも国際法上の違法性はない。

4　被災国による外国軍隊統制可能性

(1)　被災国の同意の範囲

被災国に適法に進入した外国軍隊は，活動範囲について被災国との間に取極が存すればそれに従う。それがない場合には，領域主権に基づく管轄権を行使する被災国と外国軍隊の間の調整をどのような原理で行うかが問われる。

被災領域国からの一方的な活動制限が外国軍隊に課せられるとしても，領域進入自体が同意に依存しているので，領域主権の観点からそれに従う他はないという構成は可能であるように思われる。そのような制限として，特定の民族集団居住地域への救援物資輸送禁止や，軍事的機密度の高い地域への接近禁止も考えられる。特定集団に対する救援の積極的阻止といった差別的措置は，別の規範からして被災領域国の国際責任を発生させようが，そのような人々の被救援権や諸外国の保護する責任も依然承認されていない。このため，領域国の明示的意思に反する外国軍隊の活動は，国際違法行為を構成するであろう。いわゆる人道的介入の場合と同様，災害救援を名目としつつ別の目的で軍隊を派遣することも想定しておかなければならないのであるからなおさらである。

このこととの関係では，1974 年の侵略の定義に関する国連総会決議 3314 第 3 条(e)及び 2010 年に改正案が採択された国際刑事裁判所規程第8条bis2項(e)において,「受入国との合意」により駐留する軍隊の合意違反又は合意終了後の駐留を侵略行為としていることが想起される。

被災国の同意が欠如しているため特定の救援活動の実施を見送ったと思われる事例は,日本でも発生している。1995年の阪神淡路大震災において米海軍は,充実した衛生施設を有する航空母艦の被災地近傍港寄港を検討した。陸上交通網が機能を停止していたから,搭載ヘリコプター及び広大な飛行甲板を活用できる有力な衛生及び補給の拠点として航空母艦に期待されたが,日本側の同意が得られなかったといわれている。

東日本大震災でも米海軍は,病院船派遣を検討したものの,日本側が不要として見送られたという報道がある(「米軍全面支援リスト」,『朝日新聞』,2011年5月22日朝刊)。但し,他の米海軍艦艇及びその施設は,被災者の輸送,給養や治療に活用され,航空母艦ロナルド・レーガン上での自衛隊ヘリコプター給油のように救援部隊同士の支援にも重宝された。中国からも人民解放軍海軍病院船派遣申し出があったが,港湾施設の事情から実現しなかったという(『第177回国会参議院外交防衛委員会会議録』,第2号,2011年3月30日,17頁,「中国,なぜ『15人派遣』?」,『朝日新聞グローブ』,2011年4月3日)。

(2) 被災国国内法の尊重義務

外国軍隊が被災国の同意を得て進入する際には,当該国の領域的管轄に場所的には入ることになるから,その意味において,領域国国内法を少なくとも尊重しつつ救援活動を継続すべきであるということも妥当であると思われる。

在日米軍地位協定の適用がある米軍構成員に対しては,同協定第16条の「日本国において,日本国の法令を遵守し,及びこの協定の精神に反する活動，特に政治的活動を慎むことは，合衆国軍隊の構成員及び軍属並びにそれらの家族の義務である」との定めに基づいて米によりしかるべき措置がとられる。この尊重義務とでもいうべき義務は，地位協定を通じての義務ではあるが，慣習国際法上の義務でもあれば，本条がなければ尊重を確保する義務が米にはないというものではない。従って，在日米軍地位協定適用のない米軍部隊を含む外国軍隊にあっても基本的に同様の尊重義務が課せられる。このため，日本国内法が明示的に禁止している活動を日本領域内で実施する場合には，少なくとも日本との協議を求める必要が生じるともいえよう。

但し，国内法尊重義務と，国内法の適用義務ないし遵守義務は別である。国内法適用可能性については，日本政府の国会答弁も必ずしも一貫していないようで，領域主権の優位性から構成するか，外国軍隊がその本国をまさに体現していることに由来する自律性から説明するかで揺れていたように思える。こうした原理的といっていい部分からしてはっきりしていないのであるが，例えば，地位協定第 17 条が日本刑法を裁判規範にする場合を述べていることからも，少なくともそのような場合には国内法の適用はあるとする方が整合的である。

(3) 被災国国内法適合性の確保

国内法適用問題との関係で災害救援上問題になる例は，治療行為に関する国内法の制限であろう。米軍衛生部隊による被災者治療についても，米軍が元来関係国内法の適用外であるか又は関係特例法に定めがあればそれでかまわないが，そうではないとしたら国内法上は問題になる。東日本大震災において外国軍隊の衛生部隊に対して包括的にか若しくは個別的に活動を日本政府が許容したか，又は日本国内法上何らかの特例措置規定が既にあってそれを活用したかは詳らかにしない。

東日本大震災で注目されたのは，イスラエル国防軍衛生部隊の宮城県南三陸町における活動であった。新聞紙上では，「政府は今回，国内の医師免許を持たない外国人医師の診察を特例として認めた。その特例を唯一受けたのがイスラエルだった」とされている（「医の絆 9000 キロ超えて地域の再生『イスラエルの手助けで』」，『朝日新聞』，2011 年 4 月 15 日朝刊）。この特例がいかなる意味における特例か不明であるが，特例という説明をするなら，特例法制定の場合と同じく国内法の外国軍隊への適用が前提である。その上で，外国軍隊の治療行為について領域国としては，国内的に直接適用可能な取極締結又は既存国内法の定める特例をもって国内法適合性を確保する必要があったということになろう。

外国軍隊の衛生部隊による治療行為は，いわゆる有事法制整備の際に捕虜の取り扱いという特殊な問題として議論されたことがある。1949 年ジュネーヴ捕虜条約では，友軍とともに捕らえられた衛生要員は，捕虜となった友軍将兵の治療を引き続き行うことができるとされているから，自衛隊が捕らえた敵衛生要員にもそれを認める義務を日本は負っていた（同条約第 30 条，第 33 条）。これは，日本国内法違反を構成していたが，有事法制整備の一環として 2004 年に捕虜取扱法を定め，そこに関連条文を置くことで条約義務履行が可能になった。捕虜とともにある敵衛生要員による治療については，条約の直接適用が適当ではないか，又は既存国内法上の特例措置規定がないかのいずれかであったため，条約義務の履行のために新国内法規定を設けて対応したと思われる。

細かく見れば他にも日本では使用を認められていない薬剤や機器の使用事例が救援活動で見いだせるかもしれない。いずれにしても，同意を得て進入する外国軍隊といえども領域国の領域管轄下にありその国内法を少なくとも尊重しなければならないのは先述の通りである。その意味での外国軍隊の行為の領域国国内法適合性確保は必要である。

(4) 外国軍隊に対する指揮及びこれとの調整

災害救援のため領域進入を許可し，国内法尊重義務を課すとしても，外国軍隊の国家体現性や自律性の議論からして，領域国指揮下に入る旨が進入同意条件となっていない限りは，領域国が外国軍隊に対する指揮権を持つというのは困難である。ここでいう指揮は，国家責任法上の責任帰属の基準の観点からのそれでは必ずしもなく，より形式的な作戦指揮（operational command）のことであるが，そのような指揮権の被災国による掌握には，その旨の取極がやはり必要になる。指揮取極がない場合であっても，同意を得て領域にある外国軍隊に対し，同意撤回や同意条件変更を合理的理由に基づき行い，結果として一定の範囲で統制をかけられよう。しかし，外国軍隊への直接の指揮権が被災領域国にないとすれば，その具体的な活動に関して協議することにならざるをえない。

災害救援のため進入してくる外国軍隊について領域国に指揮を明示的に許容する条約は，希である。ジュネーヴ諸条約第一追加議定書にある敵対行為又は災害の危険からの文民保護に関する諸規定は，紛争当事者の同意に基づく中立国等非紛争当事国の文民保護組織（civil defence organization）の活動を認めている（第64条1項）。そこでは，紛争当事者の「監督（control）」下で活動がなされること及び活動が「関係紛争当事者の安全保障上の利益（security interest）に妥当な考慮を払って行う」ことを求める（同項）。こうして領域国の統制を確保しているが，右規定は，武力紛争中の適用を想定し，しかも，軍隊の文民保護組織以外の文民保護組織（civilian civil defence organizations）に適用を限定している。

非条約文書でも，例えば，ノルウェーその他諸国及び国連人道問題調整事務所（Office for the Coordination of Humanitarian Affairs, OCHA）といった関係機関が作成した「災害救援における外国の軍隊及び文民保護組織の資源能力の使用に関する指針（Guidelines on the Use of Foreign Military and Civil Defence Assets（MCDA）in Disaster Relief）」（オスロ・ガイドライン（Oslo Guidelines））（2007年改訂）は，被災国の主権尊重を強調し（21項），救援活動が被災国の「全般的責任（overall responsibility）」のもとでなされる旨述べている一方（26項），そのことが指揮関係にいかなる影響を与えるかには触れていない。むしろ，OCHAの要請に基づく国連統制下の要員による活動の場合には（3項），国連特権免除条約第6条規定の「国際連合のための任務を行う専門家」と同じ特権及び免除の付与を慫慂し（30項，附属書I（Model Agreement Covering the Status of MCDA）3項，41項～44項），被災国管轄権からの除外を求めている。

このように，領域国に進入外国軍隊の指揮権がなければ，特定の任務を外国軍隊に実施させる権限がないことを意味し，外国軍隊も一定の範囲でその判断で行動することができることになる。従って，例えば，2011年4月上旬に日本に展開した米海兵隊化学生物汚染対処部隊（Chemical and Biological Incident Response Force, CBIRF）に東京電力福島第一原子力発電所突入を日本が命

〈標章説明：米海兵隊CBIRFの標章。モットーとして，「見えない敵と戦う」意の*Certo Occultus Hostis*とある。http://www.cbirf.marines.mil/photos.aspx, visited 23 Feb. 2013. CBIRFは，日本で実際の任務に就くことなく米に戻った。〉

じることは勿論できない。逆に米軍は，有効な汚染拡散防止措置を独自にできるという余地があるということにもなる。国際機構の部隊に関しても同じである。

指揮を統合指揮官に委ねずに，各国部隊指揮官が協議して行動する方式は，いわゆる多国籍軍でよく見られる。また，自衛隊と在日米軍も一方が他方を指揮下に入れておらず，調整により協同して行動するから，統合的指揮下にある北大西洋条約機構加盟国軍とは異なる。日米安全保障条約体制は，武力行使にあたっては，それが日本領域内の作戦であっても，また戦略的及び戦術的な見解の相違が日米間で顕在化しようとも，法的上下関係をつくって調整はしないという方式を敢えて選択しているのである。

相手を指揮できないということは，対等な立場にあることになるから，円滑な協同を確保することにつながる。一方，原子炉緊急冷却方法の対立のような決定的局面における意見の不一致が調整不能のまま残ることもある。まさに日米調整所による実効的調整の重要性が強調される所以である。東京電力が事故を起こした福島第一原子力発電所は，日本領域内にあって米領域は近傍になく，在留米国民は待避させればよかった。従って，日本政府のやり方が「まるでメチャクチャ」の意の米軍隠語 "FUBAR" (fucked up beyond all recognition) で表現されるほどの出鱈目というのが米側認識であったとしても（「プロメテウスの罠　日本への不信５　知日派筆頭格の涙」，『朝日新聞』，2013年１月７日朝刊），米は，静観するか又は妥協的態度をとるしかなかったのであろう。また，「初めて米軍部隊は，実際の任務で日本の指揮（Japanese command）の下で行動した。……米軍は，決定的な役割を果たしたが，率いているのは日本の関係当局であることを強調すべく意を用いた」と評する米連邦議会提出報告書もあり（Emma Chanlett-Avery et al, *Japan-U.S. Relationship: Issues for Congress,*

Congressional Research Service, 15 Feb. 2013, p.16.)，指揮関係からも日本に従ったという認識を有していたのであればなおさらそうであろう。但し，上記の通り，現場での作戦統制（operational control）はさておき，日米安全保障条約上，指揮被指揮の法的な枠組みはない。いずれにしても，同意を与えて進入せしめた外国国家機関である軍隊という性格と，それが被災国領域管轄下に存在するという二つの要素を踏まえつつ，重大局面における外国軍隊との協同救援活動の限界を承知しておく必要がある。

オスロ・ガイドライン及びその附属書を参考に，災害時来援外国軍隊のためのモデル地位協定整備が提唱されている。しかし，これは，その名の通り地位協定であり，従って，特権免除の定めを設けることはできても，指揮関係や外国軍隊の行動の規律には踏み込めない。ここに地位協定方式の限界があるというべきで，同意を与えて入域させた後は，国内法尊重義務や同意の撤回の他には実効的な外国軍隊統制方法は実際上は見いだしがたい。但し，それでも統治能力に疑問のある領域国政府より被災者にとってましであることが多いのは皮肉で，何のための領域主権であるかが問われることになるのである。

(5)　外国軍隊による自国民退避措置

外国軍隊との調整に関連してさらに問題になりうるのは，外国軍隊による自国民退避措置である。自国民に退避を勧告し又は命じることは，被災領域国の治安維持と危機管理の能力に対する疑いの表明に他ならず，被災国の面子を潰しかねない。しかし，災害時と否とを問わず外国がその国民を保護するのは当然ともいえ，ウイーン外交関係条約や同領事関係条約も接受国における自国民の利益保護を外交官と領事官の任務と定める。すなわち，外交関係条約第３条１項では使節団の任務として「(b)接受国において，国際法が認める範囲内で派遣国及びその国民の利益を保護すること」を挙げ，領事関係条約第5条「領事任務」も「領事任務」に「(a)接受国において，国際法の認める範囲内で派遣国及びその国民（自然人であるか法人であるかを問わない）の利益を保護すること」や「(e)派遣国の国民（自然人であるか法人であるかを問わない）を援助すること」が含まれると規定する。

こうしてもとより自国民保護を一定の範囲で行うことができたのであり，その内には領域外退避の勧告又は命令も含まれようし，領域国はかかる勧告等発出を妨げることはできない。さらに，同意を得て進入する軍隊によってそのような状況での自国民の輸送がなされることもしばしばである。

東日本大震災では，外国による退避措置が日本との間においていくらかの摩擦を発生させた。2011年3月17日に米ルース駐日大使は，東京電力福島第一原子力発電所から半径50マイル内にある米国民に退避を勧告した。これは，日本政府設定の退避区域よりも広く，そのために，日本政府が東京電力福島第一原子力発電所事故の深刻さを隠蔽しているとの強い不信感が日本国民に広まった。米による自国民退避措置が事故の重大さを示す信頼できるシグナルであると考える日本国民が少なくなかったのである。また，横田，厚木や横須賀等首都圏内に居住していた米軍将兵軍属の家族の日本脱出もあった。なお，50マイル退避区域が日本政府設定のそれに近い約20キロ圏に縮小されたのは，7カ月後の同年10月であった。

外国による自国民保護は，一定の場合には条約上の権利としても実施されるのである。このため，進入を許可された外国軍隊が自国民輸送を伴う場合には，これを領域国が制約することは，航空管制上又は港湾管理上の技術的理由から来るものを除いてはしにくいといわざるをえない。米国民退避の場合にも安全保障条約及び地位協定のいう施設及び区域としての米軍の飛行場及び港湾施設を米は使用できる。さらに地位協定第5条1項では，「合衆国及び合衆国以外の国（United States and foreign）の船舶及び航空機で，合衆国によって，合衆国のために又は合衆国の管理の下に公の目的で運航されるもの」は，「日本国の港又は飛行場に出入りすることができる」から日本からの退避に一層便利である。ところで，極東で武力紛争が発生した場合には，米国民は日本に退避することが想定され，日本は，安全な後方地域と目されてきた。米国民の日本への退避は，朝鮮戦争時に既に見られ，その後も朝鮮半島からの退避演習が時折行われており，板付空港等が使用されている。

自国民退避については，被災領域国同意のないまま軍隊を派遣し，退避措置をとれるかの問題もある。外国国民の生命及び身体に領域国が急迫した侵害を加えるか又は別の集団のそうした行為に加担しているのであれば，1976年のエンテベ空港事件のように自衛権に基づき自国民救出を行いうるとする国もある。災害のときには，生命及び身体への急迫した危険であっても，被災国である領域国側に違法行為はないから別の説明が求められる。同意以外の違法性阻却事由を敢えて探すとすれば，自国民収容のため進入する外国軍隊自身が遭難しているとはいえないから，やはり緊急避難しかなくなる。そうであるとしても，国家責任条約案の緊急避難に関する第25条1項（a）のいう「根本的利益を守る」ことになるのかは慎重に検討されなければならない。

⑹　外国軍隊の自己防御

領域国の同意をえて災害救援に赴くとしても，外国軍隊が現地住民から歓迎されるとは限らず，住民から襲撃されることもある。この場合，刑法上の正当防衛の範囲での反撃は，外国軍隊構成員であるという理由だけから妨げられることはないというべきである。そうであれば，領域国から火器携行を認められている外国軍隊の構成員は，火器使用も正当防衛の範囲で可能となる。但し，これをこえて自己の意思を強要するため積極的な実力の行使にでることは，領域国から治安維持を授権されていない限りできない。なお，進入展開した外国軍隊が領域国国民からなる特定集団を非人道的行為から防護することまで第三者のための正当防衛的反撃で可能となるかの問題も発生する。

在日米軍地位協定で火器使用を読み込めるかもしれない規定としては，第3条1項を受けたと解せる第17条10項(a)が挙げられる。そこでは，施設及び区域で米軍憲兵（軍事警察）は，「秩序及び安全の維持を確保するためすべての適当な措置を執ることができる」とされている。一方，施設及び区域の外では，同項(b)によりかかる米軍憲兵の措置は，日本当局との取極に従いつつ，米軍「構成員の間の規律及び秩序」維持に必要な範囲内に限られている。また，刑事管轄権に関する合同委員会合意の「第8．逮捕に関する事項(7)」では，「日本国内における所在地のいかんを問わず，合衆国軍隊の重要なる軍用財産，即ち，艦船，航空機，重要兵器，弾薬及び機密資材の安全」に対する犯罪の場合には，「日本国の法律執行機関の措置を求めるいとまのないとき」は，当該犯罪行為者を拘束できるとし，さらに「日本国刑法第36条第1項又は第37条第1項に該当する場合のほかは武器を使用してはならない」と述べて火器使用可能性を排除していない。

米軍並びにその施設及び区域に対するトモダチ作戦中の破壊工作はなく，米軍将兵に対するその他の犯罪行為も知られていない。この作戦に参加した若い米海兵隊士官が日本では「少なくとも狙撃はされませんね」と述べ，「こういうことをしようと海兵隊に入ったんです」と語ったと伝えられるように（ロバート・エルドリッジ，「トモダチ作戦同盟国日本への支援に誇り」（私の視点），『朝日新聞』，2011年4月9日），米軍の士気は高く，その救援は被災者から歓迎されたのは周知の通りである。この状況では米軍将兵への襲撃は考えられない。

5　刑事及び民事の裁判管轄権

(1)　免除範囲の広狭の意味及び在日米軍地位協定

外国軍隊の領域国管轄権からの免除の範囲は，慣習国際法上明確にはされてはおらず，長期に駐留を予定する外国軍隊については，領域国と派遣国の間の地位協定でもって処理してきたことは既に記した。その範囲の広狭は，外国が軍隊の派遣そのものを決定するときや部隊指揮官が行動を決心する際に考慮する要素の一であり，逆にいえば免除範囲の問題は，外国軍隊の活動に対する領域国による制限ないし統制の一部を構成する。また，軍隊構成員が他国裁判所で裁かれることを強く忌避するという各国軍隊に共通の心理的傾向も忘れてはならない。こうした背景から，免除の範囲，すなわち領域国が管轄権を行使できる範囲の問題は，実務上もっとも関心を集めてきたのであり，本稿でも免除の一般論とは分離して，少しく具体的に述べておきたい。

東日本大震災及び東京電力福島第一原子力発電所事故における救援活動参加の外国軍隊中の最大勢力が米軍であったことから，在日米軍地位協定の適用のあるような米軍を本章では想定し，同協定関連規定を見る。もっとも，トモダチ作戦参加米軍部隊で地位協定適用のある部隊であれば，結局のところ，これまでの在日米軍部隊と地位協定適用の観点からして全く同じであって，何の特殊性も見いだせず，追加的に議論すべき理論上の問題はないとも思われる。しかしながら，免除の範囲は，上記の通り部隊運用上念頭に置いておくべき重要事項であるから，ここで災害救援との関連性が高い事項を確認的に記す。また，外国軍隊構成員による行為との関係で論じるので，米軍の将兵，米軍使用の施設及び区域に対する日本国民等による犯罪及び他の違法行為，並びに米軍作戦行動に対する一定の妨害行為のような地位協定実施のための刑事特別法を含む日本国内法で対応すべき場合については触れない。もっとも，この刑事特別法が災害救援米軍に対する日本国民等の犯罪との関係で漏れなく適用可能かは，米軍の行動が日米安全保障条約に基づき，地位協定の適用があるかの論点に戻らなければ判断できないことに留意したい。

(2) 刑事裁判管轄権

在日米軍地位協定が裁判管轄をいうのは，刑事裁判管轄権に関する第17条並びに請求権及び民事裁判管轄権についての第18条においてである。第17条は，1項(a)で「合衆国の軍当局は，合衆国の軍法に服するすべての者」に対し米国内法に基づいて「刑事及び懲戒の裁判権を日本国において行使する権利を有する」とし，同項(b)において「日本国の当局は，合衆国軍隊の構成員及び軍属並びにそれらの家族に対し，日本国の領域内で犯す罪」で日本国内法上処罰できるものに関して裁判権を有すると規定する。その上で第17条3項(a)及び(b)で「公務執行中の作為又は不作為から生じる罪」には米が「裁判権を行使する第一次の権利」を有し，それ以外の罪に関しては日本が第一次裁判権を有する旨定められている。

本条は，日本国内法の在日米軍への適用を少なくとも本条関連の範囲で認めたと解すことができる点でも重要である。つまり，米が第一次裁判権を放棄し日本が裁判すること及び日本が第一次裁判権を行使することを本条は承認しているが，そのような裁判は日本裁判所で日本国内法を適用してなされるからである。刑事裁判規範が日本国内法であることは行為規範もそうであることを普通は意味する。

本条における大きな論点の一は，公務の範囲及びその証明である。公務の範囲をめぐっては，様々な問題が既に発生していることは周知の通りであり，地位協定の合意議事録や合同委員会合意も参照する必要がある。しかし，公務の範囲そのものについて災害救援において特に言及すべき問題が発生するわけではなさそうである。

他方，公務非公務の区分に基づく管轄権配分が，日本領水にある米軍艦艇上における救援活動ではどうなるかという問題がある。すなわち，第17条3項(b)では非公務であれば日本に第一次裁判権があるが，日本領水内米軍艦艇上において日本国民に対しなされた犯罪については，慣習国際法上の軍艦に関する旗国の排他的管轄権から非公務でも米に裁判権があると解すべきかとの論点が指摘されているのである。この場合には，地位協定が特別法として慣習国際法に優位すると考えるべきか，地位協定がそこまで想定していないから慣習国際法の適用があるとするのかを検討することになる。なお，艦艇上で公務から生じた罪で米が第一次裁判権としてはそれを行使しないとした場合には，地位協定適用を前提とすることになる。

東日本大震災では米軍艦艇が沿岸で多く活動し，米軍艦艇及び艦艇上の各種施設を沿岸被災住民が利用していた。さらに，首都圏震災時にも，米軍艦艇による帰宅困難者や被災者の輸送が計画されている。災害時以外ではさほど米軍艦艇上に日本国民があるとは想像されないことからも留意すべき問題かもしれない。加えて，東日本大震災で海上自衛隊が多用した米製揚陸用エアクッション艇（landing craft air cushion, LCAC）が軍艦の法的地位を持つとすれば，それを米海軍が救援で用い，内水を超えて浜辺に上

〈写真説明：砂浜に乗り上げた海上自衛隊LCACに搭乗し，沖にある海上自衛隊輸送艦おおすみ上での入浴に向かう被災者。LCAC側面の旗は，自衛艦旗で，国連海洋法条約第29条がいう軍艦たるための四要件中の外部標識掲示要件は，これで充足される。防衛省統合幕僚監部活動フォトギャラリー東日本大震災災害派遣（2011年3月28日撮影），http://www.mod.go.jp/js/Activity/Gallery/gallery_photo_htm, visited 23 Feb. 2013.〉

がったり，河川を遡上したときのその地位如何という問題が生じる。上陸用水陸両用車輌は，昔からあった。しかし，それらの堪航性は小さく，陸上走行の方がはるかに得意で，軍艦であるための外部標識掲示や士官指揮の要件も充足しないものが大部分であった。ソ連の実用大型地面効果機（ekuranoplan）出現に伴い提起されていた水陸両用能力を持つ軍艦の陸上での法的地位問題は，LCACのいわゆる平時における災害救援使用で改めて議論の俎上に載せられたといえる。

(3) 秩序維持権限

地位協定第17条は，刑事裁判管轄権調整に関するものの他，先に条文を引用したように10項で米軍憲兵による秩序維持の規定を置く。10項(b)では，施設及び区域の外における米軍構成員間の秩序維持に関して憲兵使用が想定される。その際，合同委員会の刑事裁判権に関する合意に定める条件に従い，米軍は駅等一般に開かれた場所に立ち入ることができ，さらに，米軍用航空機墜落の場合の措置がとられる。2004年の沖縄国際大学米軍ヘリコプターCH-53墜落事故の現場における米軍による規制措置が思い浮かぶが，この事故後の2005年に「日本国内における合衆国軍隊の使用する施設・区域外での合衆国軍用航空機事故に関するガイドライン（Guidelines Regarding Off-Base US Military Aircraft Accidents in Japan）」が設けられた。

同ガイドライン日本語条文は，外務省ホームページでは「仮訳」として掲載され（前掲），日本語正文は元々ないと理解できる標記の上で，「日本国政府及び都道府県その他の地方当局のすべての機関及び職員に適用される」としてガイドラインが拘束的であるかのように規定されている（同ガイドライン2.）（但し，上記引用の「適用される」の箇所の英語正文は，"applicable"である）。さらに，米軍の「然るべき代表者」は，「日本国政府の職員又は他の権限ある者」から事前承認をうける暇がないときには，救助や合衆国財産保護のため日本の公有又は私有の財産に立ち入ることが認められ（同3.(1)），事故現場で最初に対応する組織が米軍の場合には，それが「当初，現場への立入規制を行」うこともできると定めている（同4.(6)）。救援物資輸送中の米軍ヘリコプターが被災者避難所に突入した場合の処理も同様になったであろうと考えられる。

災害救援任務でヘリコプターは，高圧送電線を避け狭隘な小学

〈写真説明：海上自衛隊補給艦ときわ上で救援物資を積み込むトモダチ作戦参加の米海軍ヘリコプターSH-60。主回転軸直前に斜め上方に突き出たワイヤーカッターが見える。これは，送電線等への万一の接触を想定して装備されている。防衛省統合幕僚監部活動フォトギャラリー東日本大震災災害派遣（2011年3月13日撮影），前掲。〉

校校庭に夜間降着し，強風中に遭難者をホイストで吊り上げる。固定翼輸送機にしても，津波をかぶった仙台空港のように前線急造滑走路と変わらないところに進入しなければならない。これは，対空砲火を浴びなくとも充分危険な任務であって，最近の事故例として，2004年末発生のインドネシア地震津波の被害救援に出動していた外国軍用ヘリコプターの喪失が知られている。救援活動中の米軍用航空機墜落で損害が発生したことは東日本大震災ではなかった。

(4) 請求権及び民事裁判管轄権

在日米軍地位協定第18条1項は，日米両軍がそれぞれ相手の軍隊に公務中に与えた損害の請求権を放棄するとし，同条2項では，いずれか一方の国の有する他の財産にもう一方が同様の状況で損害を与えた場合の処理手続を定める。

災害救援で特に問題となるのは，同条5，6，7及び10の各項であろう。先にも触れた5項は，横田基地訴訟（最高裁判所2002年4月12日判決，『最高裁判所民事判例集』，第56巻4号）においても慣習国際法との適用関係が議論になった重要規定である。「公務執行中」の米軍の将兵や被用者の行為で「日本国において日本国政府以外の第三者に損害を与えたものから生じる請求権」であって，「契約による請求権」及び地位協定第18条「6又は7の適用を受ける請求権を除く」請求権の処理が同項に従ってなされる（5項柱書）。さらに5項では，かかる請求権処理を日本政府が行うとし，請求は，自衛隊に対する請求権の処理に適用される日本国内法を用いて提起され，裁判を含む解決が行われる（同項(a)～(c)）。但し，「公務の執行から生じる事項」については，米軍構成員及び被用者は「判決の執行手続（proceedings for enforcement of any judgment）に服さない」（同項(f)）。裁判等で確定した支払額は，日本が支払った上で日米間で分担して負担する（同項(e)）。

5項柱書は，「日本国において」，「損害を与えた」ことを要求するから，先の日昇丸事件のように領海外発生事件には適用がないとされてきた。放射能汚染測定の米空軍無人偵察機が日本EEZ内で日本登録民間航空機にぶつかったときの処理は，偵察機の行動が日米安全保障条約に基づくか否かを検討するまでもなく，領域外の事件であることのみから地位協定の適用はないことになる。但し，先に述べた通り，第18条1項のいうような両軍間に生じる損害には，日本領域外で生じたものでも地位協定は適用されよう。

ところで，日本領水で米軍艦艇が与えた損害に関しては，この5項の適用から除外されることが5項(g)で規定されている。すなわち，「この項の規定は(e)の規定が2に定める請求権に適用される範囲を除くほか，船舶の航行若しくは運用又は貨物の船積み，運送若しくは陸揚げから生じ，又はそれらに関連して生じる請求権には適用しない。ただし，4の規定の適用を受けない死亡又は負傷に対する請求権については，この限りではない。（Except in so far as subparagraph (e) of this paragraph applies to claims covered by paragraph 2 of this Article, the provisions of this paragraph shall not apply to any claim arising out of or in connection with the navigation or operation of a ship or the loading, carriage, or discharge of a cargo, other than claims for death or personal injury to which paragraph 4 of this Article does not apply.）」と定めている。こうした海事損害の特則は，刑事管轄権に関する第17条にはない。

第18条5項(g)は，大変分かりにくい書き方をしているが，要するに次の二つを5項適用の除外からの例外として扱い，結局は5項適用範囲内に残すと規定している。第一に，自衛隊以外の第18条2項適用のある日本政府財産に生じた海事損害については

5項(e)の定める分担率の適用があるとし，第二に，第18条4項が適用される自衛隊員を除く人の損害は5項に依るというのである。つまり，1988年に野島崎沖日本領海内で米海軍駆逐艦タワーズの撃った訓練弾が海上保安庁巡視船うらが近傍に着弾する事件が発生したが，これが命中して損害が生じていれば，5項で処理したということである。

第17条の箇所で触れた米軍艦艇上での非公務から生じる罪に関する地位協定上日本に与えられる第一次裁判権と，慣習国際法上の旗国の軍艦に対する管轄権の関係の問題は，この第18条5項(g)を巡っても起こりそうである。第18条5項(g)は，上記引用の通り，一定の海事損害を第18条5項適用から外しており，結果として他の適用可能な条約や慣習国際法に委ねている。すると，そうした明文除外規定が欠けていれば，すなわち，第18条5項適用除外になる航行等の列挙行為には該当しないような米軍艦艇上の公務又は非公務から日本国民に生じた損害に関する請求の場合には，米軍艦艇上の行為でも地位協定5項の通りになるのか，それとも旗国の管轄権に服するのかが問題になるように思われる。幸いにもトモダチ作戦では，米軍の航空機同様，艦艇も深刻な事故を日本領海内で起こしたとの報道はなく，艦艇上での問題が発生したことも知られていない。

トモダチ作戦において被災者と米軍将兵が接触して第18条5項適用可能性が生じる事例としてむしろ容易に想定できたのは，米軍衛生部隊の日本国民治療である。治療に関する日本国内法適用可能性や特例上の根拠は別にして，公務として治療する際に生じた過誤であれば5項の適用があろう。日本領水内にある米軍艦艇上の公務としての治療行為も，第18条5項(g)の表現からすれば，5項適用除外にはならないように思われる。

また，トモダチ作戦で米軍が地方自治体に貸与した野戦入浴施設を使用中の被災者が米軍による設置時の関係配線の不備から感電して負傷したというような事例も考えられ，さらに精査する必要がある。貸与時に米軍の責任を免除する旨の文書を米軍が日本政府や自治体との間で交わすようなことがあるかもしれないが，地位協定第18条や同協定の実施に伴う民事特別法の適用は否定されないであろう。地位協定第2条4項(a)で論点たりえるような施設及び区域の共同使用における免責問題以外に，このような緊急のやりとりが米軍部隊との間で実際になされたか否かに関心が持たれる。

この第18条5項の範囲で公務から生じた損害については，米又は米軍ではなく，日本政府による処理がなされ，民事特別法の定めによって国家賠償法の適用があることになる。また，日本政府を相手に裁判も可能であって，第18条にはやはり一定の意義はあろう。さらに，国家賠償法を使っての公務員個人責任追及可能性，すなわち，こうした場合には加害者である米軍将兵個人に関してその可能性が検討される。1977年に米海兵隊偵察機RF-4Bが横浜市緑区に墜落した事故では，機から降下して自衛隊ヘリコプターに救出された二搭乗員に対しても請求が提起された。

第18条6項は，日本国内で「公務中に行われたものでないものから生じる」請求権処理をいう。やはり，「日本国の当局」が補償金を査定して米に伝え，米が支払う額が請求を完全に満足させるものとして請求人が受諾すれば，米は自ら支払う。そうでないときには，6項の規定は米軍将兵や被用者に対する「訴えを受理する日本国の裁判所の裁判権に影響を及ぼすものではない」から，日本裁判所への提訴が可能である。7項は，車輌の運行について定め，「合衆国軍隊の車両の許容されていない使用から生ずる請求権は，合衆国が法律上責任を有する場合を除くほか，6の規定に従って処理する」としている。

第18条10項は,「合衆国軍隊による又は合衆国軍隊のための(by or for the United States armed forces)資材,需品,備品,役務及び労働の調達に関する契約から生じる紛争」で,「契約の当事者により解決されないもの」を調停のための合同委員会付託を規定するが,「この項の規定は,契約の当事者が有することのある民事の訴えを提起する権利を害するものではない(the provisions of this paragraph shall not prejudice any right which the parties to the contract may have to file a civil suit)」との但書がある。この但書の意味を限定的に捉え,米が免除を放棄したものではないとの見解もあるものの,但書の表現振りだけをみるならば,かなり明快である。但し,免除放棄を意味しないとしても,絶対免除主義から制限免除主義への移行という事情も解釈に反映できるかも慎重に検討する必要がある。災害救援では,被災地で需品を購入することもあろうから,地位協定の適用がある事態で米軍又はその構成員が地位協定第12条等により契約当事者となっているならば,本項の意味は小さくない。

このような規定を含む地位協定を結んでいない外国の軍隊は,慣習国際法上,日本の民事裁判権から免除される可能性がある。例えば,外国軍隊衛生部隊が被災地で野戦病院を設営するため現地業者から器材その他を借りながら,借用料を払わないで帰国した場合には,当該外国軍隊の契約行為の法的評価次第ではあるものの,裁判管轄権から免除されるかもしれない。

6　おわりに

(1)　国際法の現行の枠組み

大規模災害では,被災国が独力で被災者を救援できないことが多い。そのような際の諸外国や国際社会からの救援に関する国際法の枠組みは，被災国との合意を基礎とする。被災国及び被災者の被救援権は明示的な承認を受けておらず，外国もそのような権利に対応する義務を負わない。国際機構に関しても，その任務として災害救援があったとしても，直ちには被災国や被災者に当該国際機構に対する救援要請の法的な権利を与えているとは解せない。この前提で，外国や国際機構は，被災国からの要請又はその同意によって救援を実施するのであって，特別の条約のない限り，予め存在する法的権利義務関係に基づいてなされるわけではない。このことを被災国と被災者の関係についていいなおせば，被災者の救援に対して被災領域国の領域主権が優位するといってよい。

災害救援では外国軍隊が重要な役割を果たすが，勿論，その派遣には軍隊本国と被災領域国の合意が要ることになる。しかし，そのような合意があっても，救援外国軍隊の地位及び活動の限界は，慣習国際法上も明確にはなっていない。

(2)　日米安全保障条約適用当然視の背後にある諸問題

東日本大震災及び東京電力福島第一原子力発電所事故に起因する原子力災害では米軍の活動が有効であった。日米安全保障条約及び在日米軍地位協定により在日米軍の地位は，一応は明らかになっている。しかし，トモダチ作戦が日米安全保障条約に基づき，地位協定が適用されるかの問題があるということの認識は希薄であって，それが自明であるか又はいずれでもよいように感じられる。

安全保障条約が米軍トモダチ作戦を妨げないのは明らかであるが，同条約が禁止しないということは，同条約に基づく行動であるということをすぐには意味しない。いかなる説明をすれば安全保障条約及び地位協定が適用可能となるかを確認しておく必要がある。そうでなければ，救援米軍の日本領域内での地位の決定は，

〈写真説明：米海軍横須賀基地近くの横須賀市立小学校正門脇に掲げられた表示で，「海軍基地司令（COMFLEACTS（Commander Fleet Activities））の命により在日米軍（USFJ）要員の立ち入りを禁ず」とある。2013年2月24日撮影。米兵の学校侵入は少なくなく，最近では，2013年5月12日に米海軍横須賀基地勤務の米兵が，逗子市立小学校に夜間侵入して神奈川県警察に逮捕された（『朝日新聞』，2013年5月13日夕刊）〉。

慣習国際法を参照することになる。トモダチ作戦で損害を受けた日本国民があるとしたら，その救済の観点からも，また，同作戦経費負担の観点からもこの確認作業は必要であろう。

東日本大震災と東京電力福島第一原子力発電所事故への日米両軍の対応は，両軍の協同として史上最大規模になった。自衛隊及び米軍は，被災者に歓迎され，トモダチ作戦は，成功したと評せる。しかし，安全保障条約及び地位協定に係わる問題は，引き続き存在する。トモダチ作戦が大規模な作戦であったにも係わらず，米軍の練度と士気が高かったこともあって，重大な事故や犯罪が幸運にも生じなかっただけである。安全保障条約体制の安定的維持のためには，米軍が役立ったことでこれらの問題が雲散霧消したように考えてはならない。

(3) 教訓分析結果公表の必要性

東日本大震災にあって日本は，被援助側にあったが，その際の法的経験を検討しておくことは，自衛隊の海外災害救援活動においても役立つ。自衛隊も既にいくらかの海外展開を経験し，日本は展開先領域国と地位協定を結んだ経験もある。加えて，被災国軍隊として米軍や外国軍隊と協同したことは，法的紛争予防の観点からしても貴重な経験である。

これだけの大規模な内外軍隊の活動であったのであるから，米軍との協同を含めあらゆる部隊行動を軍事的法的その他の側面から分析し，第三者事故調査報告書と同じではないとしても，せめて東京電力福島第一原子力発電所事故調査各種報告書程度の報告書を防衛省等から公刊すべきである。「予算の概算要求に反映させるため，この夏をメドに震災対応の検証や教訓を取りまとめる。しかし，その中身を具体的に公表する予定はないという。これでは困る」との指摘が地震後ほどない2011年夏になされている（谷田邦一,「自衛隊は震災の教訓を公に」（社説余滴),『朝日新聞』, 2011年6月30日朝刊)。

防衛省による「東日本大震災への対応」といった防衛白書での特集（同白書，2011年度版),「平成23年度政策評価書（総合評価）」(運用企画局事態対処課，全27頁，http://www.mod.go.jp/j/approach/hyouka/seisaku/results/23/sougou/index.html, visited 16 Feb. 2013)，及び「東日本大震災への対応に関する教訓事項（最終取りまとめ）」(2012年11月，全56頁，http://www.mod.go.jp/j/approach/defense/saigai/pdf/kyokun.pdf, visited 16 Feb. 2013）のような簡略な文書以外にまとまったかたちの公表報告書が万一にもまだないとするなら残念である。それは，内外軍隊の部隊行動に係わった防衛省その他の日本政府機関が正しく教訓を汲み取ったか否かについての主権者である国民による検証もできないことになるからである。

【参考文献】（本文中記載文献以外のもの）

岩本誠吾,「海外派遣の自衛隊に関する地位協定覚書──刑事裁判管轄権を中心に──」,『産大法学』，第43巻3·4号，2010年，115-

140 頁。
ロバート・D・エルドリッジ，アルフレド・J・ウッドフィン，「日本に於ける大規模災害救援活動と在日米軍の役割についての提言」，『国際公共政策研究』，第 11 巻 1 号，2006 年，143-158 頁。
繁田泰宏，「フクシマとチェルノブイリにおける国家責任——原発事故の国際法的分析」，東信堂，2013 年。
特集「東日本大震災——法と対策」，『ジュリスト』，第 1427 号，2011 年，「災害と世界法」，『世界法年報』，第 32 号，2013 年。
西本健太郎，「福島第一原子力発電所における汚染水の放出措置をめぐる国際法」，東京大学政策ビジョン研究センター，2011 年，http://pari.u-tokyo.ac.jp/policy/PI11_01_nishimoto.html, visited 5 April 2011。
日本国際問題研究所，『原子炉施設に対する攻撃の影響に関する一考察』，昭和 58 年度外務省委託研究報告書，1984 年。
本間浩，『在日米軍地位協定』，日本評論社，1996 年。
松浦一夫，「ドイツにおける外国軍隊の駐留に関する法制－1993 年 NATO 軍地位協定・補足協定改定とその適用の国内法との関係を中心にして－」，本間浩他，『各国間地位協定の適用に関する比較論考察』，内外出版，2003 年，49-102 頁。
森田章夫，「在日米軍に対する捜査の国際法的検討——軍艦乗組員を対象とする管轄権配分の規制と態様をめぐって——」，海上保安協会，『平成 21 年度 海洋権益の確保に係る国際紛争事例研究（第 2 号）海上保安体制調査研究委員会報告書』，2010 年，14-32 頁。
琉球新報社編，『外務省機密文書 日米地位協定の考え方 増補版』，高文研，2004 年。

■ 索　引 ■

さ 行

た　行

な　行

は　行

執筆者紹介

初川　満（はつかわ　みつる）〔編者〕

東京大学法学部，ロンドン大学大学院卒
ケンブリッジ大学ウルフソンカレッジ客員研究員
現在　横浜市立大学教授，放送大学客員教授
〈主著〉
・『国際人権法の展開』（信山社，2004 年）
・『緊急事態と人権』（信山社，2007 年）
・『テロリズムの法的規制』（信山社，2009 年）
・「緊急事態における人権の制限」坂元茂樹，薬師寺公夫編『普遍的国際社会への法の挑戦』（信山社，2013 年）

阿部浩己（あべ　こうき）

早稲田大学法学部卒，バージニア大学法科大学院修了・LL.M.，早稲田大学大学院法学研究科博士後期課程修了・博士（法学），ヨーク大学難民研究センター客員研究員
現在，神奈川大学法科大学院教授
〈主著〉
・『国際人権の地平』（現代人文社，2003 年）
・『戦争の克服』（共著）（集英社，2006 年）
・『抗う思想／平和を創る力』（不磨書房，2008 年）
・『国際法の暴力を超えて』（岩波書店，2010 年）

磯崎博司（いそざき　ひろし）

東京都立大学法学部卒業，東京都立大学大学院社会科学研究科博士課程中退，上智大学大学院地球環境学研究科教授，国際連合大学客員教授
〈主著〉
・『国際環境法』（信山社，2000 年）
・『環境法』（共著）（有斐閣，2011 年）
・『生物遺伝資源へのアクセスと利益配分』（共編著）（信山社，2011 年）
・『森里海連環学』（共著）（京都大学学術出版会，2011 年）

真山　全（まやま　あきら）

京都大学法学部卒業，京都大学大学院法学研究科博士後期課程単位取得満期退学，甲南大学法学部助教授，防衛大学校国際関係学科教授を経て大阪大学大学院国際公共政策研究科教授（2008年～）この間，コロンビア大学客員研究員

〈主著〉

・「海戦法規における目標区別原則の新展開(一)(二)」（『国際法外交雑誌』，第95巻5号，1996年，第96巻1号，1997年）
・"Japan's New Emergency Legislation and International Humanitarian Law" (*Japanese Annual of International Law,* No.47, 2004)
・「国際刑事裁判所規程検討会議採択の侵略犯罪関連規定—同意要件普遍化による安保理事会からの独立性確保と選別性極大化—」（『国際法外交雑誌』，第109巻4号，2011年）
・「文民保護と武力紛争法—敵対行為への直接的参加概念に関する赤十字国際委員会解釈指針の検討—」（『世界法年報』，第31号，2012年）

〈現代選書 22〉

緊急事態の法的コントロール
——大震災を例として——

2013(平成25)年7月10日　第1版第1刷発行
1036-1-012-010-005-1800e

著 者　初 川 満
発行者　今井 貴・稲葉文子
発行所　株式会社 信山社
〒113-0033 東京都文京区本郷6-2-9-102
Tel 03-3818-1019 Fax 03-3818-0344
笠間来栖支店 〒309-1625 茨城県笠間市来栖2345-1
Tel 0296-71-0215 Fax 0296-72-5410
笠間才木支店 〒309-1600 茨城県笠間市才木515-3
Tel 0296-71-9081 Fax 0296-71-9082
出版契約 2013-07-1036-1-01011
Printed in Japan, 2013

印刷・ワイズ書籍(本文・付物) 製本・渋谷文泉閣 p.212
ISBN978-4-7972-1036-1 C3332 ¥1800E 分類 329.501-a017
1036-01011:010

「現代選書」刊行にあたって

物量に溢れる，豊かな時代を謳歌する私たちは，変革の時代にあって，自らの姿を客観的に捉えているだろうか。歴史上，私たちはどのような時代に生まれ，「現代」をいかに生きているのか，なぜ私たちは生きるのか。

「尽く書を信ずれば書なきに如かず」という言葉があります。有史以来の偉大な発明の一つであろうインターネットを主軸に，急激に進むグローバル化の渦中で，溢れる情報の中に単なる形骸以上の価値を見出すため，皮肉なことに，私たちにはこれまでになく高い個々人の思考力・判断力が必要とされているのではないでしょうか。と同時に，他者や集団それぞれに，多様な価値を認め，共に歩んでいく姿勢が求められているのではないでしょうか。

自然科学，人文科学，社会科学など，それぞれが多様な，それぞれの言説を持つ世界で，その総体をとらえようとすれば，情報の発する側，受け取る側に個人的，集団的な要素が媒介せざるを得ないのは自然なことでしょう。ただ，大切なことは，新しい問題に拙速に結論を出すのではなく，広い視野，高い視点と深い思考カや判断力を持って考えることではないでしょうか。

本「現代選書」は，日本のみならず，世界のよりよい将来を探り寄せ，次世代の繁栄を支えていくための礎石となりたいと思います。複雑で混沌とした時代に，確かな学問的設計図を描く一助として，分野や世代の固陋にとらわれない，共通の知識の土壌を提供することを目的としています。読者の皆様が，共通の土壌の上で，深い考察をなし，高い教養を育み，確固たる価値を見い出されることを真に願っています。

伝統と革新の両極が一つに止揚される瞬間，そして，それを追い求める営為。それこそが「現代」に生きる人間性に由来する価値であり，本選書の意義でもあると考えています。

2008年12月5日　　　　信山社編集部